잉글리시 홈트

초판 1쇄 인쇄 2017년 12월 05일
초판 1쇄 발행 2018년 01월 01일

지은이 임선영
펴낸이 우세웅
기획총괄 우민
책임편집 이지현
홍보 · 마케팅 정우진 · 신이원 · 송여울
북디자인 신은경

펴낸곳 슬로디미디어그룹
출판등록 제25100-2017-000035호(2017년 6월 13일)
주소 서울시 서대문구 불광천길 116, 2층(북가좌동)203호
전화 02) 493-7780
팩스 0303) 3442-7780
전자우편 wsw2525@gmail.com(원고 투고)
홈페이지 http://slodymedia.modoo.at
블로그 http://slodymedia.me
페이스북 · 인스타그램 slodymedia

ISBN 979-11-961296-6-8 (13190)

이 도서의 국립중앙도서관 출판예정도서목록(CIP)은 서지정보유통지원시스템
홈페이지(http://seoji.nl.go.kr)와 국가자료공동목록시스템(http://www.
nl.go.kr/kolisnet)에서 이용하실 수 있습니다.
(CIP제어번호 : 2017032061)

유학 가지 않고 1년 만에 원어민처럼 말하기

HELLO! WHO ARE YOU?

≡ ENGLISH ≡
HOME TRAINING

잉글리시 홈트

임 선 영 지음

슬로디미디어

CONTENTS

Prologue
프롤로그

영어로 당신의 잠재력을 깨워라!

"무엇을 위해 영어를 공부하는가?"

우리는 그저 막연히 영어가 중요하니까 영어공부를 해야 한다고 생각했다. 만약 이 질문에 대한 답을 내리며 영어공부를 했다면 당신의 영어 실력은 훨씬 나아졌을 것이다. 당신의 인생 또한 달라졌을 것이다.

나도 예전에는 그저 한국의 주입식 교육 시스템에 의해 울며 겨자 먹기로 영어공부를 했다. 입시가 끝난 후 취업을 위한 선택의 기로에 섰을 때도 마찬가지였다. 하지만 인생의 위기가 온 순간 나는 무엇을 위해 영어를 공부해야 하는지 깨달았다. 그리고 모든 것이 달라졌다.

26살, 미래에 대한 불안감으로 숨을 제대로 쉴 수가 없었다. 공무원인 아버지는 늘 안정적으로 살아갈 것을 원하셨고, 나는 경찰공무원이 되기 위해 2년간 열심히 공부했다. 하지만 결과는 좋지 않았다. 시험에 떨어질 때마다 스스로를 자책했다. 남들이 나를 몰아세우지 않아도 스스로가 혹독하게 몰아세웠다. 자존감은 바닥을 쳤고, 물에 젖은 솜처럼 무거운 무력감이 나를 짓눌렀다. 공무원 시험에 실패한 후 세상이 무너진 것처럼 어떤 것도 시도할 수 없는 내가 남았다. 두려움에 사로잡혀 아무것도 할 수 없었다.

어두운 터널 같았던 시간들이 흘러갔다. 1년여의 시간을 방황하며 보낸 후 27살, 나는 진짜 영어공부를 시작하며 한 줄기 빛을 보았다. 절박함은 기적을 만들어내는 것일까. 나는 3일 동안 영어공부를 멈추지 않는 꿈을 꿨다. 마치 현실처럼 생생한 꿈이었다. 잠을 깨서도 쉴 틈 없이 영어공부를 했고, 다시 잠이 들어도 영어공부를 하는 꿈이 계속 이어졌다. 무엇에 이끌린 듯 미친 듯이 영어에 매진하는 3개월을 보냈다. 그러자 자연스럽게 영어 입이 트이기 시작했다.

영어 말하기 능력이 향상되자 내 인생은 새로운 전환점을 맞이했다. 외국인과 간단한 대화를 할 수 있을 만큼 영어 실력이 오르자 영어공부는 급물살을 탔다. 전투적으로 영어공부를 하는 것이 아니라 필요한 부분을 찾아서 자발적으로 공부했다. 영어의 묘미를 느끼며 즐기는 공부를 하게 된 것이다. 물론 그 과정에서 슬럼프가 오기도 했고, 때로는 크게 절망한 적도 있었다. 하지만 포기하지 않았다. 약 3년 정도가 흐르자 나는 원어민 수준의 영어를 완벽히 구사하고 있었다. 더불어 나의 인생 또한 크게 달라져 있었다.

늘 수동적인 삶을 살았던 내가 남을 리드하기 시작했다. 그동안 나의 약점이라고 여겼던 점들이 강점으로 바뀌었다. 획일적인 것을 싫어했던 성격이 오히려 남다른 영어공부 방법을 만들어 내는 강점으로 작용했고, 용기를 내어 외국인에게 말을 걸기 시작하면서 자신감이 생겼다. 영어 하나를 잘하게 됐을 뿐인데, 모든 일들이 내가 원하는 방향으로 흘러가는 듯했다. 남을 리드하는 사람이 된다는 것은 예전에는 상상조차 하지 못하는 일이었다. 하지만 나는 지금 많은 사람들에게 도움을 줄 수 있는 영어 코치이자 컨설턴트로 거듭났고, 다양한 계층의 사람들을 이끄는 멘토가 되었다. 어딘가에 소속되는 것을 당연히 여겼던 직장인에서 지식과 경험을 나누는 1인 기업가가 되었고, '원어민처럼 말하기 연구소'를 운영하는 대표가 되었다.

27세의 나이에 영어공부를 시작했고, 유학도 갈 수 없었지만 나는 현재 원어민처럼 유창하게 말하며 영어 전문가로 홀로서기에 성공했다. 늦게 시작했지만 결코 늦지 않았던 나의 스토리가 많은 청춘들에게 용기를 주고 희망이 될 수 있기를 바란다.

지금의 내가 있기까지 독설과 응원을 아끼지 않은 나의 멘토인 언니에게 감사하다는 말을 전하고 싶다. 나의 새로운 도전을 아낌없이 응원해준 부모님과 남동생, 나의 가치를 일깨워주고 따뜻한 격려로 나를 일으켜준 은인 Savee Ly에게도 사랑과 감사의 말을 전한다.

2017년 11월

임 선 영

PART 01

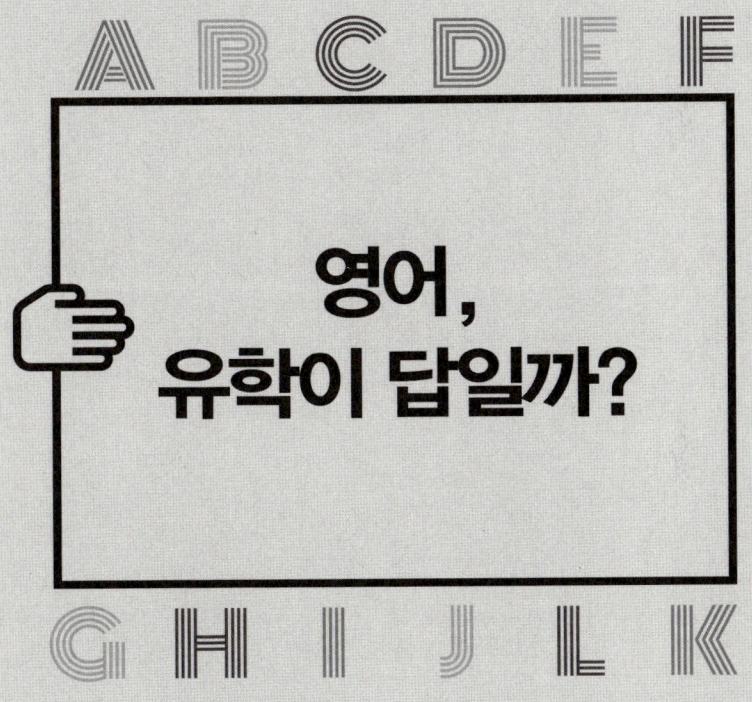

영어,
유학이 답일까?

01

해외에 나간다고
영어가 느는 것 아니다

    우리 주변을 둘러보면 워킹홀리데이나 교환학생, 유학 등 영어 달성을 목표로 해외를 나가는 사람들이 많다. 나는 그들이 대단하다고 생각했다. 영어공부를 위해 그 복잡한 과정들을 준비하고 외로움을 감수하며 새로운 세계로 혼자 뛰어드는 것이기 때문이다. 그것은 엄청난 용기가 필요한 것이다. 그런데 나는 그런 많은 사람들을 보며 몇 가지 의문점이 생겼다.

    '영어는 해외에 나가야만 느는 것일까? 한국에서는 할 수 없을까?'

    나의 친구 B 양은 캐나다에 워킹홀리데이를 갔다 왔다. 맥도날드에서 주문받는 일도 하고 호텔 객실 청소 매니저도 했었다. 쉬는 날이면 외국인 친구들이랑 어울려서 스키랑 보드도 타며 이곳저곳 여행을 다녔다. 그렇게 1년 조금 넘게 해외에서 살다 한국에 돌아왔다. 그러나 B 양은 갔다 와서도 영어에 자신이 없었다. 그러면서 "영어는 한국에서 공부하는 게 더 좋아."라고 말했다.

당시 23살이었던 나는 어리바리하게 보였던 그 친구가 혼자 캐나다에 워킹홀리데이를 간다고 해서 너무 대단하다고 생각했다. 그곳에서 새로운 친구도 사귀고 일자리를 찾는 과정들을 나에게 말해주었을 때 나는 너무 부러우면서도 복잡한 과정들이 감이 오지 않아 나는 할 수 없을 것만 같다고 생각했다. 하지만 영어가 늘지 않았다는 말에 고개를 갸우뚱했다. '그럼 어떻게 일을 하고 외국인과 소통을 했다는 거지?'

그 친구는 주로 기본적인 쉬운 문장이나 문장이 아닌 동사, 단어로 이야기하며 적당한 소통을 하는데 그쳤던 것이다. 매일 쓰는 문장, 단어만 반복하였으므로 늘지 않았다. 그리고 영어를 공부할 수 있는 제대로 된 자료를 찾아 공부하지 않으면 해외에 있다고 해서 영어가 느는 것은 아니다. 이론을 공부하는 과정과 함께 24시간 실전인 해외의 환경으로 시너지 효과가 나야 제대로 영어를 배울 수 있다. 그러나 워킹홀리데이에서는 제대로 된 이론을 공부할 환경이 한국보다 부족했거나 찾기가 쉽지 않았다는 뜻이다.

그러면 유학은 어떨까?

주변에 형제를 둘 다 유학을 보낸 집이 있었다. 형은 7년이 넘는 유학생활 끝에 열심히 해서 영어를 잘 하게 되었고 동생은 나중에 갔다가 유학생활이 맞지 않아 살다가 돌아왔다. 당연히 영어는 늘지 않았다.

이 형제의 차이점은 무엇일까? 한 사람은 적극적으로 시스템을 이용하여 이론인 영어공부를 하고 실전인 외국인을 만나 소통했다. 다른 한 사람은 공부도 성실히 하지 않았고 외국인과 소통하는 것을 힘들어하며 많이 도전하지도 않았다. 결국 유학을 가서도 적극적인 자세로 피나는 노력을 해야만 영어가 느는 것이다.

〈오늘의 유머〉라는 사이트에서 이런 사연을 보았다. 미국 유학 중인 한 여성이 스트레스와 외로움으로 인한 폭식증에 시달리고 있다는 것이다. 먹고 먹는 자신이 싫음에도 불구하고 손은 끊임없이 먹을 것을 찾아 입으로 넣는다고 한다. 학교가 끝나면 집에 와서 밥을 먹고 TV를 보면서 정신적인 허기를 먹는 것으로 채우고 있다는 내용이었다.

해외를 가는 것은 영어를 배우고자 하는 목적뿐만 아니라 더 많은 이유가 있어야 한다. 스스로가 정말 가고 싶어서 가야 한다는 것이다. 스스로 판단할 수 있고 어려움을 견딜 만큼 정신적으로 성숙할 때 가도 전혀 다른 나라의 문화나 시스템에서 오는 어려움을 극복하기란 쉽지가 않다.

더구나 성인이 아닌 초등학생에서 고등학생 사이의 아이에게 영어를 잘하게 하려고 해외에 보내났다가 아이의 정서가 피폐해지는 경우도 많이 보았다. 그렇게까지 해서 영어를 배울 필요도 없고 그렇게까지 해야 영어가 느는 것도 아니다.

그 노력의 10분의 1, 그 자금의 100분의 1만 들여도 한국에서 할 수 있는 게 영어공부다. 너무 잘못된 교육방식으로 오랜 시간을 해도 안됐기에 영어는 무언가 넘지 못할 벽처럼 우리 머릿속에 인식되어 있다. 하지만 해외에 나가서 겪는 어려움에 비하면 한국에서 하는 고생과 비용은 별 것도 아니다.

그러면 한국에서는 그 환경을 찾을 수 없을까? 당연히 찾을 수 있다. 나는 최선을 다해 찾았고 뛰어들었다. 그 결과 어떻게 해야 영어가 향상되는지 기본원리를 깨닫게 되었고 그 방법을 한국에서 반복하자 영어 말하기가 효과적으로 빠르게 늘었다.

나는 한국에서 누구보다도 즐겁게 영어공부를 했다고 자신 있게 말할 수 있다. 공부는 스스로 노력하고자 해서 되는 것인데 해외생활의 어려움과 영어공부의 어려움, 자금의 버거움을 감당하며 영어를 마스터할 것인가, 한국에서 적극적인 자세와 습관적인 노력을 통해 영어를 마스터할 것인가. 어디에 있든 꾸준하게 노력을 하고 제대로 된 방법으로 공부를 해야 영어가 늘 수 있다면, 어디서 하는 것이 더 편하고 합리적이겠는가?

02

스스로 하지 않는 영어공부는
효과가 없다

영어공부를 시작할 때 그럴 듯하고 좋은 방법을 만났다면 바로 시작할 수 있는 것부터 돌입해야 한다. 그 하나하나가 쌓여서 나만의 비법이 되며 점점 복잡하고 과중한 작업을 다룰 수 있는 역량이 강화된다. 영어를 잘하는 비법을 찾기만 하고 제대로 실천하지 않는다면 그 좋은 비법으로도 성공해 내기가 힘들다. 언어공부는 특히 어느 정도의 임계량을 채워야 한 단계씩 성장할 수 있다.

내가 공부를 시작한지 1년 반 정도 되었을 때 미국에 놀러 간 적이 있다. 당시 한국음식이 먹고 싶어 외국인 친구와 한식당을 찾은 적이 있었다. 식당에 도착한 나의 외국인 친구는 메뉴판을 보며 한국음식에 대한 질문을 직원인 듯한 한국인인 아저씨에게 하기 시작했다. 그런데 그 아저씨는 영어를 전혀 알아듣지 못했고 대충 예스^{Yes}와 노^{No}로 대답을 하며 웃음으로 때우고는 나를 쳐다보았다. 그때 나는 '아, 이 한국인 아저씨가 영어를 잘 못하시는구나.'라고 생각했고 한국어로 주문을 했다. 주문이 끝나고 아저씨와 이야기를 하다가 아저씨가 미국에서 15년을 살았다는 사실을 알게 되었다. 영어를 하나도 못하는데 어떻게 미국에서 15년을 살 수가 있는지 놀라웠다. 또 미국에 오래 산다고 해서 저절로 영어가 느는 것이 아니라는 것을 확실하게 알았다.

미국에 오래 산다고 해도 자신이 그 좋은 인프라를 사용하지 않는다면 영어가 그냥 느는 법은 없다. 한국은 먼저 영어를 공부할 수 있는 환경을 만들어야 하는 수고로움이 있기는 하다. 하지만 스스로 하고자 하는 의지가 있고 노력만 한다면 충분히 한국에서도 가능한 일이다.

스스로 하나하나 듣고 말하며 머릿속에 새기는 연습을 능동적으로 해야만 학습한 모든 것이 효과가 있다. 자신의 영어가 잘 늘지 않는다며, 또는 아이의 영어가 늘지 않는다며 곧바로 새로운 방법을 찾아 떠나고 스스로의 고민 없이 남이 다 해주기만을 바란다면 그 어떤 좋은 환경에서도 영어가 향상되기는 힘들다. 어떤 좋은 인프라를 갖추었나보다 더 중요한 것은 얼마나 큰 의지로 꾸준하게 스스로가 공부할 수 있는가가 영어공부의 승패를 결정한다.

03

한국인 맞춤형 영어 학습 로드맵은 한국에 있다

유학을 갔다 온 직장 동료와 유학생활에 대한 이야기를 한 적이 있다. 그는 미국에서 유학생활을 2년간 했다. 매우 힘들었다고 했다. 그러면서 그는 "나는 미국에 2년 정도 살면서 언어보다는 인간관계를 배우고 온 것 같아. 한국에 돌아온 지 1년 반이나 흘렀는데 아직도 그때 힘들었던 일들에 대한 악몽을 꿔."라고 말했다. 자기 머리에는 그때 받은 스트레스로 인한 원형탈모가 남아 있다며 머리를 들춰 보여주기까지 했다.

나는 적지 않게 충격을 받았다. 해외를 한 번도 가보지 않아서 해외생활에 대한 이상적인 기대가 있었다. 아마 내가 생각한 것은 즐기기 위해 돈을 쓰고 이루어야 할 목표가 정해져 있지 않은 해외여행 같은 것이었나 보다. 하지만 언어를 배우고자 떠난 이들의 해외에서의 삶은 치열했다. 즐거웠다는 사람도 있겠지만 보통은 힘들었다는 느낌을 더 많이 받았다.

나에게 있어 유학은 언어를 배우기보다는 쓰러가는 곳, 생활영어에 어려움이 없는 사람이 그 나라의 문화가 스며든 영어 표현을 더 배우고자 할 때, 그리고 한국과 다른 삶 안에서 새로운 것을 경험하며 내 마음의 내실을 단련시키기 위해 가는 것이라고 생각한다.

나는 유학을 혼자 갈 배포도 없었고 돈이 넉넉하지도 않았으며 무서운 것도 많았던 사람이었다. 하지만 영어를 잘하고 싶은 마음은 누구보다 강했다. 그래서 한국에서 한국인에 맞는 맞춤형 영어 학습 로드맵을 찾아냈다. 길이 새기도 하고 한참을 돌아 올바른 길을 찾기도 했지만 지금은 어떻게 하면 한국 안에서 한국인들의 성향에 맞게 영어 실력을 올릴 수 있는지 안다.

《영어책 한 권 외워봤니?》의 저자 김민식은 한국에서 영어를 독학한 사람이다. 초급 영어회화책을 1권 다 외우면 영어를 정말 못하는 사람도 입이 트이고 영어에 자신감이 생긴다고 한다. 그가 한 영어 공부 방법 중 특히 내가 공감하고 효과적이라고 생각하는 공부는 이것이었다. 내가 초반에 공부할 때 도움이 되었던 방법도 비슷한 원리였다. 서로 대화체로 주고받는 기본 영어회화책을 듣고, 따라 읽고, 외운 후 받아쓰기를 하는 것이었다. 그러면 초급 회화에서 사용 빈도가 높은 단어와 문장이 숙달된다. 기본을 완벽하게 습득했다면 중급, 고급 회화책을 이용하여 같은 원리를 반복하는 것이다. 문장을 외우

는 것이 힘들다면 한국어 커닝페이퍼를 만들어 문장을 만들 때 참고
해도 된다.

예를 들어

What do you want me to say?
무엇/너가/원하는/나에게/말하다
I want to hear that you like me.
나는/원하다/듣다/너가/좋아하다/나를

이런 식으로 영어 어순대로 한국어 번역을 해서 영어문장을 다시
만들어보는 것이다.

나는 받아쓰기까지는 하지 않고 저 커닝페이퍼를 머릿속에서 만들
어 영어로 말해보기까지만 했다. 그리고 외국인 친구한테 메시지를
보내면서 새로운 문장을 써보는 연습을 했다. 하지만 처음부터 쓰기
연습도 하고 싶은 사람은 쉬운 회화 문장을 말로도 해보고 받아쓰기
도 해보면 자기 자신이 정확한 소리를 인지했는지, 말하고 쓸 수 있는
지까지 체크할 수 있어 좋다. 영어 기본이 많이 부족하다 싶은 사람에
게는 초급 회화책을 따라 읽으면서 외우면 전두엽의 운동피질이 훈
련되어 영어 문장의 틀을 잡는데 도움이 된다. 그냥 외우는 것이 아니
고 뇌 근육에 문장을 심어버리겠다는 느낌으로 반드시 듣고 큰소리

로 따라해야 한다.

이 방법은 혼자 공부할 때 정말 좋은 방법이다. 하지만 나의 경험을 생각해볼 때 입이 트일 때까지, 즉 초급이나 중급 실력일 때까지만 했으면 한다. 그 다음부터는 바로 다른 사람과 이야기해보거나 외국인 친구와 실전으로 들어가야 한다.

초급으로 입을 트고 난 다음에는 인터넷 뉴스, 라디오, 테드, 책, 영화, 드라마, 유튜브 등 다양한 매체를 통해 어휘력을 늘려가면서 자신만의 문장으로 이야기를 해보자. 나의 이야기를 할 수 있기에 이제부터는 재미있을 것이다. 모든 대화는 랜덤으로 흘러간다. 모든 대화가 회화책에서 보았던 것처럼 흘러가지 않고 갑자기 다른 주제가 나올 수도 있고 의외의 답이 나올 수도 있다. 회화책의 표현을 기본으로 하되 응용력을 키우는 방법으로 나아가면 된다.

외국인을 만날 수 있는 곳도 많다. 언어 교환Language Exchange만 검색해도 쉽게 외국인을 만나며 소통할 수 있다. 회화학원에 가도 좋다. 내가 다가갈 준비와 마음을 먹지 않아서일 뿐 한국에서 외국인을 만나는 일은 매우 쉽다.

많은 매체들이 한국인에게 맞는 스타일로 당신을 위해 기다리고 있다. 기본을 닦은 당신은 그 매체를 활용해서 얼마나 열심히 공부하고 실전에서 사용해보느냐에 따라 영어공부의 성공 여부가 결정될 것이다. 유학을 가면 한국이 아니기에 언어공부를 위한 시스템을 찾는데 시간이 오래 걸린다. 그래서 자신이 하고 싶은 옵션을 한국보다 찾기가 힘들 것이다. 우리는 한국인이고 그 어떤 나라 사람보다 한국을 잘 안다. 스스로가 흥미로운 방법들을 선택 하는 것도 쉽다. 그 방법들을 찾아서 자신만의 패턴으로 습관화를 시작하자. 이제 당신의 영어공부는 능동적이고 활기찬 여정이 될 것이다.

04

영어공부가 진짜 어려운 이유

여러분은 이런 경험을 한 적이 있는가? 어떤 것을 자연스럽게 접하면서 하게 되면 어렵다는 생각 없이 그냥 하게 되고 하다보면 자연스럽게 늘게 된다. 하지만 그것이 시험으로 진행되고 일정을 만들어 그 방식으로 하게끔 부담이 들어간다면 자연스럽게 할 수 있던 것이 갑자기 복잡해지면서 그저 어렵게 느껴지고 하기 싫은 것이 된다.

우리가 영어를 배우는 과정이 후자의 상황과 같다. 한국에서 자연스럽게 접하고 쓸 수 있는 환경에서 영어를 배우면 되는 것인데 특정한 교육에 의해서만 영어를 배울 수 있다는 인식을 심어주었다. 그리고 영어를 배우는 방식을 너무 복잡하고 어렵게 설명하고 있다.

잘못된 이미지에 오래 노출된 우리는 잘못된 방식으로 공부를 해왔기 때문에 당연히 공부를 지속하기 힘들고 영어를 굉장히 어려운 것처럼 호들갑을 떤다. 그러나 영어는 그냥 언어일 뿐이고 하나의 기술처럼 오랜 시간 공을 들이며 공부하고 연습해나가면 된다. 하지만 한국에서 만들어 놓은 좁고 구불구불한 미로 방식의 영어를 듣고 있자면 도저히 출구가 보이지 않는 미궁 속으로 계속 빠져들고 있는 기분이다.

차라리 그런 방식들은 기억하지 못하는 편이 낫다. 제대로 된 영어 공부 방법을 방해하기 때문이다. 내가 공부한 방법도 사실 별것이 아니다. 한국에서 틀에 박힌 영어사고 방식을 벗어나 나 혼자 거스르는 영어공부를 했기 때문에 별일이 될 뿐이다.

안타깝게도 우리나라 학생들은 대학교를 가고 취직을 하기 위해 어쩔 수 없이 영어를 어렵고 싫어지는 방식으로 공부한다.

그러나 이제는 쉽게 생각하자. 우리가 한국어를 배웠듯이 영어도 많이 노출되고 써보면 느는 것이다. 한국에서 그 인프라가 만들어지지 않는다면 이제 우리가 서서히 영어공부 방식을 변화시켜나가며 새로운 인프라를 만들어 나가야 한다. 나도 한국의 교육 방식대로 15년을 공부했고 영어는 늘지 않았다. 성인이 되어서도 취업 때문에 토익을 해야 하나 말아야 하나 고민했지만 결국 그 방법과 전혀 다른 실용적인 영어공부를 하겠다고 반기를 들었고 지금과 같은 좋은 결과를 만들어낼 수 있었다.

내가 다른 사람들에게 기존의 방법대로 공부하지 말고 나처럼 해보라고 이야기해도 사람들은 익숙한 방법이 아니기 때문에 망설인다. 그리고 회화학원보다는 토익학원으로 발걸음을 돌린다. 한꺼번에 바꾸기가 당황스러운 것은 충분히 이해한다. 나도 그랬으니까 말이다.

많은 사람들이 마치 트라우마를 겪은 듯이 영어를 대한다. 우리 인생에 끊임없이 걸리는 걸림돌 같은 존재로 이미 낙인이 찍혔기 때문이다. 수많은 노력을 했지만 많은 사람들이 영어에 좌절했고, 새로운 방법을 찾는 것 또한 지치지만 취업과 승진을 위해 어쩔 수 없이 붙잡고 있어야 하는 그 귀찮은 녀석과 즐겁게 웃으면서 공생할 수 없는지 다시 한 번 생각해봐야 한다.

상황은 언제든지 바뀔 수 있다. 내가 바뀌지 않기 때문에 해결되지 않는 것이다. 원래의 자연스러운 방법대로 조금만 돌아와 영어를 공부한다면 발전 없는 고생에서 벗어나 하나하나 성장이 느껴지는 보람찬 결과를 한국에서 이루어낼 수 있다.

05

유학 갔다 온 사람이 놀란
나의 영어 실력

영어학원에서 외국인 자격으로 들어온 한국인을 만난 적이 있다. 그녀는 항상 영어로만 이야기해서 한국어를 못하는 한국인인줄 알았다. 그녀의 거침없는 요구와 자유로운 행동은 더욱더 그녀가 교포임을 확신하게 하였다.

그러나 그녀와 다양한 이야기를 하게 되면서 점점 그녀가 한국어를 할 수 있다는 느낌이 강하게 들었다. 단둘이 있던 어느 날, 나는 조용히 한국어를 할 수 있냐고 물었다. 그녀는 주위를 살피며 한국어로 말했다. "몇 달 동안 정말 답답했어요. 저 한국어 잘해요." 그러고는 다시 영어로 이야기하라며 나를 다그쳤다. 자신이 외국인 자격으로 이곳에 들어왔기 때문에 한국어를 할 수 있다는 사실을 학생들이 알면 안 된다는 것이었다.

그녀는 나에게 자신도 그동안 궁금했던 게 하나 있다고 했다. 학원에 있는 여러 한국인 선생님 중에서 내가 가장 영어를 유창하게 이야기하는 것 같다고 하며 어떻게 영어를 공부했냐고 물어보았다. 자신처럼 해외에 살다온 적이 있는지, 몇 년을 살았는지, 뭐 때문에 갔는지 등을 궁금해 했다.

"저는 완전 100% 한국에서 태어나고 자라온 한국인입니다. 유학은 구경도 못 해봤어요."

그녀는 입을 딱 벌리며 나를 다그치며 어떻게 공부했냐고 물어왔다. 그러면서 상당히 충격을 받은 듯했다. 첫날부터 자신에게 공격적으로 다가와 여러 가지를 물어보고 스스럼없이 영어로 말을 거는 내 모습에 당연히 외국에서 공부를 하고 왔을 거라고 생각했다고 한다. 더불어 한국식 영어가 아니라 정말 미국인들이 쓰는 실생활 영어표현을 많이 써서 더욱더 해외생활을 했을 것이라고 확신했다고 한다.

나는 유학이나 교환학생, 워킹홀리데이 등, 이런 많은 해외에서 살 수 있는 방법들을 사실 자세하게는 모른다. 어떤 대단한 방법으로 영어를 가르치고 배우는지도 모르지만 영어는 꼭 유학을 가지 않아도 나만큼 할 수 있다고 자신 있게 말할 수 있다. 그리고 나만큼 할 수 있다면 한국에서는 넘칠 만큼 충분하고 해외에 사는 것도 별 지장이 없다.

금전적으로 시간적으로 충분히 여유가 있어서, 그리고 좋은 기회가 왔다면 그 어떤 경험이든 해보는 것을 추천한다. 하지만 너무 많은 기회비용을 요구하고 희생해야 될 것이 많을 때 유학만이 절대적인 방법은 아니라는 것을 알았으면 한다.

　영어를 잘하는 방법을 몰라서, 제대로 된 시스템을 찾기가 어려워서 유학을 선택한다면 내가 한국에서 공부했던 방법을 시도해본 다음에 생각해봐도 늦지 않다. 유학을 갈 정도의 큰 결단을 내린 당신이라면 한국에서도 충분히 목표를 달성할 수 있다.

06

영어 인프라는 한국에도 넘쳐난다

우리나라는 세계 최강의 서비스 체계를 구성하고 있다. 세계 어딜 가도 우리나라만큼 고객의 세세한 불편까지 생각하면서 섬세하게 제품을 구성하여 파는 나라는 드물다.

영어자료도 마찬가지이다. 물론 많은 자료를 찾고 둘러보는 것이 힘들고 귀찮을 수가 있다. 하지만 영어공부를 하기로 마음먹은 사람이라면 이 정도 수고는 별것도 아니다. 하루에 모든 것을 다 찾으라는 것이 아니다. 하루에 조금씩 시간을 들여 하나씩 둘러보면서 자기 스타일에 맞는 영어 인프라를 한국에서 만들어야 한다. 매일 자연스럽게 자신의 패턴에 맞게 영어에 노출될 수 있도록 하면서 실제로 책상에 앉아서 공부하는 시간을 병행한다면 더욱 효과적인 영어공부를 할 수 있다.

요즘은 자료들이 매우 깔끔하게 정리되어 있으며 오디오 파일도 쉽게 들을 수 있도록 제작되어 나온다. 교재 하나와 스마트폰만 있으면 스타벅스에 앉아서 또는 침대에 누워서 공부할 수 있는 시대가 지금이다. 그러나 이 가치를 모르고 살아가는 사람들이 많다. 영어공부를 하려는 사람들은 방법을 모르기 때문에 무조건 해외로 가야 한다고 생각할 수 있다. 그러나 가볍게 시작해서 하나하나 단계를 밟아 나가는 것이 언어공부의 특성이니 만큼 처음 시작을 한국에서 하는 것이 생각보다 아주 편리하다는 것을 말해주고 싶다.

혼자 공부하는 방법 외에도 함께 공부하는 인프라도 엄청나다. 요즘은 학원 시스템이 너무 잘 되어 있다. 그룹 소수과외로 한국인 선생님과 하거나 외국인 선생님과 수업을 할 수도 있고, 토론수업이나 프리토킹 등 회화수업도 실용적인 스타일로 많이 운영되고 있다. 레벨에 따라 자신의 스케줄에 맞춰 학생이 선택할 수 있는 옵션이 엄청나다. 수업 내용도 파티를 하거나 각국의 공휴일을 같이 즐기며 영어와 동시에 문화도 자연스럽게 알아갈 수 있는 장으로 바뀌고 있다. 이렇듯 한국의 학원이나 과외 시스템들이 빠르게 고객의 니즈를 파악하며 발전하고 있다.

한국에서 외국인을 만나는 것 또한 요즘은 너무 쉬운 일이 되었다.

SNS 등을 조금만 찾아보면 우리 주변에 외국인을 만날 수 있는 장소와 행사 일정을 쉽게 알 수가 있다. 아무리 멀어도 2시간 안에 도착할 수 있는 장소에 외국인들이 있다.

조금만 신경을 쓰고 관심을 가지면 한국에서도 영어공부를 할 수 있는 환경은 무궁무진하다. 첫발을 들이기가 어렵지, 한번 시작하면 배우는 즐거움과 다양한 사람을 만나는 신선함을 동시에 느낄 수 있다. 지금의 인프라 속에서 하는 영어공부는 공부라기보다는 하나의 취미생활같이 즐기면서 할 수 있을 만큼 발전했다. 당장 스마트폰을 들고 영어과외나 스터디 모임과 같이 만나서 공부할 수 있는 실용적인 모임에 나가보는 것은 어떨까? 좀 더 과감하다면 당장 외국인 친구들을 만날 수 있는 SNS에 가입하여 그들의 행사에 참여해보는 것도 추천한다.

이제는 당신이 생각하는 것보다 더 큰 가치를 한국에서도 충분히 얻을 수 있다는 것을 하나의 문을 열어 들어가 확인할 때다. 그 문을 통해 그 다음 문을 열고 나중에는 그 문을 통한 길 속에서 새로운 기회를 발견할 수도 있다.

07

한국에서의 영어공부, 유학보다 더 쉽다

나는 한국에서 늘 '오늘도 나의 영어세상은 조금 더 넓어졌어. 오늘도 나는 조금 더 실력이 향상되었어!'라고 생각한다. 나의 영어 실력은 조금 늘고, 많이 늘고, 폭발적으로 늘고, 이 3가지가 있을 뿐 감퇴된 적은 없었다. 공부를 하다 보면 실력이 떨어진 것 같다고 느낄 때도 있다. 그러나 그것은 당신의 실력이 적게 발휘된 날일 뿐 실제로 실력이 떨어진 것은 아니다.

한국에서 영어공부를 하기가 힘든 이유가 있다면 스스로 영어환경에 뛰어들거나 조성해야 한다는 점이다. 자신과의 싸움에서 많이 이기는 사람이 영어와의 싸움에서도 이긴다. 해외에 가면 쉽게 영어가 늘 것 같은가? 눈을 감고 자신이 해외에 내던져진 상황을 상상해보자. 초반에는 24시간 들려오고 보이고 말해야 하는 영어환경 때문에 정신이 나갈 정도로 힘들다. 해외에 가서 풍경을 즐기고 로맨틱하고 우아하게 영어를 공부하는 모습을 상상했다면 피눈물을 쏟게 될 것이다. 해외생활은 생각보다 매우 현실적이고 한국보다 더 치열하게 싸워야 한다. 더불어 그 고통을 공유하고 의지할 사람 없이 혼자 감당해야 한다.

다시 한국으로 돌아와서 이 좋은 인프라와 시스템을 알고 모든 생활이 매끄럽고 편안하게 돌아가는 상황에서 영어환경을 선택해서 들어갈 수 있다면 어떤가? 그야말로 천국이다.

외국인이라고 다르지 않다. 나에게는 한국에서 12년 동안 산 J라는 외국인 친구가 있다. 그녀는 아직도 한국어가 익숙하지 않아 기본적인 대화 정도만 할 수 있다. 그녀의 삶은 치열하고 힘들어 보였다. 우리는 클릭 몇 번으로 끝나는 온라인 쇼핑이지만 그녀는 온라인으로 결재하는 방법이 어렵고 어떻게 하는지 몰라 아직도 오프라인 쇼핑만을 하며 산다. 대도시의 지하철은 비교적 쉽지만 지방의 버스노선은 파악하기가 힘들어 택시만 타고 돌아다닌다. 그런 불편들이 작아 보이겠지만 계속해서 그 사소한 것들에 더 큰 에너지와 비용을 지불하며 살아야 한다면 견딜 수 있겠는가? 그녀는 아직도 24시간 듣는 한국어가 편안하지 않은지 피곤할 때면 집에서 영어를 계속 듣고 있는다고 한다. 자신의 모국과 관련된 무엇인가에 기대며 자신만의 안식처를 만드는 것이다. 자신의 나라가 아닌 다른 나라에서 살 때의 곤함이 얼마나 큰지를 가늠하게 만들었다.

　한국에서 영어공부를 하는 것이 쉽다고 말하는 것은 아니다. 다만 당신이 지금 영어를 잘하고 싶은데 그저 막연하게 해외에 나가야 한다는 생각을 하고 있다면 진지하게 마음을 먹고 생각해볼 때라는 것을 설명하고 싶은 것이다.

　공부하고자 하는 의지, 영어환경에 뛰어들 용기, 그 열정을 지속적으로 가지고 꾸준히 할 수 있는 '그릿GRIT[성장Growth, 회복력Resilience, 내재적 동기Intrinsic Motivation, 끈기Tenacity의 줄임말]'이 있다면 한국에서의 영어공부가 더 쉽다는 것은 분명하다.

PART 02

ABCDEF

문법 · 단어 · 발음에
집착하지 마라

GHIJLK

01

영어의 첫 시작,
문법·단어·발음이 아니다

많은 사람들은 영어공부를 시작할 때 단어집과 문법책을 사서 외워야 한다고 생각한다. 그리고 발음은 처음부터 원어민처럼 아주 부드럽고 유창해야 한다고 자신에게 부담을 준다. 그러나 이런 방식으로 영어공부를 시작하면 항상 실패한다. 동시에 영어에 대한 좋지 않은 기억을 다시 한 번 쌓는다.

한국 사람들이 하는 이런 방식은 '처음부터 밥숟가락에 밥과 반찬을 30센티미터 정도 쌓은 후 한꺼번에 입에 넣으려고 하는 것'과 같다. 그렇게 욱여넣으려고 하면 너무 많이 넘겨서 결국 토하고 말 것이다. 그리고 거부감이 들어 한동안 안 먹으려 할 것이다. 결국 시간과 에너지, 돈만 낭비할 뿐이다. 그렇다면 "아무 것도 모르는데 어떻게 말을 하죠?"라고 물을 수 있다. 그래서 나는 입이 틀 때까지는 한국인과 영어로 대화하면서 연습하거나 혼자 공부하는 것이 좋다고 말한다. 그러다 보면 생활의 모든 것은 머릿속에서 영어로 번역하고 말하게 될 것이다. 단어공부는 자기가 아는 최고 쉬운 표현을 영어로 모를때, 그때 사전을 찾아 그 한 단어를 공부하는 것이다.

절대 처음부터 단어장을 달달 외우지 마라. 머릿속에 들어가지 않을 뿐만 아니라, 들어갔다고 해도 일주일이 지나면 남아 있는 단어도 몇 개 없다. 그리고 그 단어가 실생활에서 쓰이는 아주 실용적인 단어라는 것도 보장할 수 없다.

《길을 잃은 너에게 영어 공부의 길을 제시하다》라는 책의 저자 최원호는 문법공부에 대해서 이런 내용을 언급하고 있다. "문법은 분명 공부를 해야 한다. 그래야 원리를 알아서 학습도 제대로 할 수 있고, 영어를 실수 없이, 정확하게 사용할 수 있다. 하지만 핵심은 '지금처럼 하면 안 된다!'는 것이다. 문제를 풀기 위해서 하는 학습은 더 이상 '진짜 실력'의 향상을 돕지는 않고 오히려 크게 방해한다고 하는 것이 맞을 것 같다."고 하였다.

그렇다. 문법은 분명 필요한 것이지만 한국 교육의 문법은 영어시험, 즉 내신과 수능시험을 목표로 하는 문법공부이다. 그리고 문법을 잘못된 양과 방법으로 공부하고 있다는 점이 매우 중요하다. 문법의 양을 10이라고 한다면 한국 교육은 10에서 1로 가는 양의 공부를 하고 있다. 즉 처음부터 모든 문법을 공부하고 영어를 시작하는 것이다. 하지만 나는 1에서 10으로 가야 한다고 생각한다. 지금 당신이 알고 있는 문법, 또는 아예 기억이 잘 나지 않는다면 아주 쉬운 문법 정도만 기억한 후 말하기부터 시작하라는 말이다.

문법이 맞든 틀리든 그 기본만을 사용하여 말하기 연습을 해야 한다. 많은 문법이 머릿속에 들어 있으면 오히려 실전 영어인 말하기, 듣기를 방해한다. 그 자체로 받아들이지 않고 자꾸 분석하기 때문이다. 그렇기 때문에 처음부터 과도한 문법공부를 하는 것은 독이 된다. 순서와 방법이 올바르지 않다.

한국인이 집착하는 또 하나의 요소는 발음이다. 나는 사람들이 왜 그렇게 발음에 집착하는 지 알 것 같다. 한국인들은 겉으로 있어 보이는 것을 매우 중시한다. 내용보다는 겉으로 들었을 때 유창해 보이는지 아닌지, 아무리 내용이 좋아도 반기문의 영어가 2퍼센트 부족하게 들리는 것처럼 발음이 좋지 않으면 영어의 멋짐은 완성될 수 없으니까 말이다. 한국에서 영어교사로 일하는 외국인 친구가 이런 말을 한 적이 있다.

"수업 도중에 질문을 하면 자기 발음이 좋지 않다고 생각해서 우물쭈물하는 경우를 많이 봤어. 발음이 좋지 않아도 크게 이야기하면 알아들을 가능성이 더 큰데 학생들은 이미 주눅이 들어 대답을 소극적으로 하는 거 같아. 내가 'Sorry?'라고 하면 얼굴이 빨개지면 모르겠다고 해. 그러면 영어 발음이 좋아질 가능성은 더 희박해져. 영어 발음은 근육운동이랑 같다고 생각하면 돼. 여러 번 연습하고 따라 말하면서 근육이 발달되는 거나 마찬가지야."

정말 맞는 말이다. 영어 발음은 의사소통이 부드럽게 이어질 수 있는 어느 선까지만 되어도 충분하다. 우리는 한국어 발음 위주로 근육이 발달되었기 때문에 영어를 한국어의 느낌으로 구사하는 것을 알 수 있다. 악센트가 있는 영어를 들었을 때 '인도사람이 영어를 하네? 프랑스 사람이 영어를 하네?'하는 느낌이 드는 것은 그들의 모국어 악센트가 영어에 그대로 드러나기 때문이다.

체조선수가 한 번에 모든 동작을 완벽하게 구현할 수 없듯이 연습을 통해서 영어 발음 근육을 발달시켜 가면 된다. 영어 발음 때문에 초반부터 스트레스를 받아 영어를 포기하는 일은 없어야 한다.

그리고 발음보다 더 중요한 것이 아주 많다. 영어의 핵심은 상대방과의 의사소통이다. 신나게 틀려가면서 이야기해라. 그러면 자신이 어떤 부분을 틀리게 말해서 못 알아듣는지도 알게 될 것이고 그런 시행과 착오를 거듭하여 영어 근육을 단련시키다 보면 발음이 나아져 있을 것이다.

초반부터 문법 · 단어 · 발음에 큰 비중을 두고 시간과 에너지를 낭비하면 영어는 입시공부 같이 지겹고 힘든 공부가 될 뿐이다. 그것이 당신을 포기하게 만든다는 것을 명심해라. 문법은 기본을 알면 되고, 단어는 말하기 연습을 하며 가장 쉬운 단어로 이야기하면 되고, 발음은 상대방이 알아들을 정도만 하면서 시작하면 된다. 처음부터 이런 요소들을 완벽하게 하려하는 것은 잘못된 방법이며 실력 향상에 독이 될 뿐이다. 나중에 틈틈이 보강을 하면 되는 것들에 초반부터 혼을 쏟아서 실전 영어, 더 중요한 것을 놓치는 우를 다시는 반복하지 말자.

02

아는 단어만 들린다는
생각의 오류에서 벗어나라

당신이 어느 부류에 가까운지 테스트해보자.

A 형

"영어단어를 최대한 많이 공부하면 영어 실력 향상에 도움이 될 거야. 영어단어를 다 아는데 영어를 못할 수가 없잖아? 영어단어를 많이 외우는 게 최고야. 사전에 실린 단어를 A부터 Z까지 차례대로 외워봐야지. 그렇게 다 외우고 나면 영어로 이야기하는 데 어려움이 없을 거야."

B 형

"영어단어 외우기 너무 귀찮다. 외워도 일주일 뒤에 보면 헷갈리던

데. 그냥 조금씩 필요한 것만 공부해서 쓸래. 밑 빠진 독에 물 붓기도 아니고 어려운 단어 외워봤자 나중에 기억도 안 나는 걸. 그냥 쉬운 것부터 외우면서 써볼까?

당신은 어떤 유형인가? 원래 성격은 B 형에 가깝지만 입시공부 때문에 A 형 같이 공부했었을 확률이 높다. 나는 여러분이 B 형 같은 꾀를 조금 부려 제대로 된 방법을 찾은 후 A 형처럼 성실하게 공부했으면 좋겠다.

앞으로는 한꺼번에 영어단어를 외우는 방법이 아닌 이제부터 이 책에서 제시하는 방법으로 영어단어를 조금씩 외우는 것을 추천한다. 한 단어를 외우기 위한 조금은 귀찮지만 다양한 관문을 통과해야 진정한 자신의 단어가 된다는 것을 명심하자.

미국 드라마나 듣기 매체를 통해 단어를 접하는 경우

첫째, 반복되는 특정 단어나 뜻을 알고 싶은 영어단어를 소리로 먼저 접한다.

둘째, 사전의 음성기능을 켜고 소리고 먼저 접한 영어단어와 최대한 똑같은 소리로 찾아본다. 철자를 몰라도 괜찮다.

셋째, 그 소리에 부합하는 단어를 찾으면 뜻을 외우고 (최대한 비슷하게 철자를 치면 다양한 단어들이 나온다. 여기에서 상황에 맞는 단어를 찾아낼 수 있다.) 외국인 음성을 들으며 좀 더 정확하게 따라 읽으며 반복한다. 철자가 어떤 소리를 내는지 눈으로 보며 느낌을 익힌다. 단어는 당신의 뇌에 먼저 소리로 입력되었다.

바쁘면 여기까지만 해도 괜찮다. 좀 더 심화 과정을 원한다면 다름 단계까지 가보자.

넷째, 영영사전에서 해당 단어의 예문을 찾아 전체 문장을 외국인 소리로 들어본다. 최대한 똑같이 2~3번 따라서 해본다. 단어가 문장에서 어떤 소리로 들리는지 들어둔다.

다섯째, 문장 안에서 단어의 뉘앙스를 파악하며 어떤 상황에서 그 단어가 쓰이는지 느낌을 꼼꼼하게 파악하며 본다.

여섯째, 단어를 이용하여 매우 쉬운 자신만의 문장을 만들어본다.

책이나 영어 자막을 통해 눈으로 먼저 보고 단어를 찾는 경우

앞서 소개한 듣기 매체를 통해 단어를 접하는 방식에서 1~2번을 건너뛰고 3번부터 똑같이 하면 된다.

혼자 여러 가지를 상황을 영어로 말해보면서 일상생활에 필요한 영어단어를 한글로 먼저 찾는 경우

한영사전으로 그 뜻을 먼저 찾고 영어단어의 여러 후보들이 나오면 하나씩 읽어보며 쓰고자 하는 문장에 가장 맞는 뉘앙스를 가진 영어단어를 선택한다. (심화 과정이기는 하지만 한글 뜻에 맞는 다양한 영어단어의 뜻을 뉘앙스에 맞게 익혀보는 것도 어휘를 늘리는 좋은 방법이다.) 이후 그 단어의 발음을 듣고 따라 말하며 익힌다. 이 과정을 넘겼다면 자신의 문장에다 그 단어를 넣어 만드는 연습을 하며 익히면 된다.

'단어를 하나 외우는데 뭐가 이렇게 복잡해.'라고 생각할 수도 있다. 하지만 이 일련의 과정들이 단순하게 단어 하나를 외우는 것이 아니라 듣기, 읽기, 말하기 연습도 동시에 할 수 있다는 것을 알아야 한다. 이 과정이 글로 보면 복잡하게 보일지 모르겠으나 막상 해보면 매우 단순하다는 것을 알 수 있을 것이다. 이것이 습관이 되면 단어공부를 통해 영어의 많은 분야를 공부하게 된다.

원리는 이러하다. 처음에 단어를 소리로 기억하고 정확한 소리로 뜻을 인지하기 때문에 듣기가 향상된다. 단어의 뉘앙스를 정확히 파악하면 어떤 상황에서 그 단어가 쓰이는지 감을 잡게 된다. 그리고 단어가 쓰이는 예문을 통해 짧은 읽기를 하게 되면서 지식으로써의 영어가 뇌의 운동피질을 활성화시켜 말하기를 관장하는 뇌의 부분을 훈련하게 된다. 실제로 짧은 문장을 만듦으로써 스스로 말하는 영역을 담당하는 브로카 영역의 뇌를 활성화시킨다.

핵심은 아무리 많은 단어를 외워도 뜻과 철자만 알고 있는 '아는 단어'는 들리지 않는다는 것이다. 엄밀히 말하면 그 단어는 아는 단어가 아니다. 즉 정확한 소리를 모른다면 아는 단어라고 할지라도 들리지 않으므로 모르는 단어가 된다는 것이다.

실제로 내가 그랬다. 나는 'Obstacle(장애물)'이라는 단어의 철자와 뜻을 제대로 알고 있었다. 그러나 한번도 매체를 통한 듣기에서 들린 적이 없었다. 나는 저 단어를 2년에 가까운 시간 동안 '오브스타클'이라는 소리로 알고 신나게 사용하고 있었다. 어느 날, 외국인 친구와 통화를 할 때였다. 웬만하면 외국인 친구들은 선생님 역할을 하지 않는데 그날은 친구가 나에게 "저기, 너 'Obstacle' 발음이 조금 틀렸어. '오브스티클'이라고 발음하는 게 맞아."라고 조언을 해주었다. 나는 그 상황을 태연하게 넘겼지만 속으로는 매우 당황했다. '2년 가까이 내가 아는 단어가 아는 단어가 아니었다니….' 전화를 끊고 얼른 다시 나만의 방법으로 사전을 찾아 소리와 발음을 확인했다. 정말 틀렸었다. 그 오랜 시간 동안을 말이다.

그 뒤로 나는 너무 명확해서 알 수 있는 단어가 아닌 이상 무조건 소리를 확인한다. 정확한 소리를 알고 그 소리대로 말할 수 있고, 그 단어의 뜻을 알고 있으면서 철자를 정확하게 쓸 수 있으면 비로소 나의 정의에 의하여 '아는 단어'가 되는 것이다.

이제 아는 단어만 들린다는 생각의 오류에서 벗어나라는 의미를 알게 됐을 것이다. 우리가 이제껏 아는 단어에 대한 정의를 잘못 내리고 있었다. 나 또한 외국인 친구가 아니었다면 평생 제대로 된 소리를 모른 채 그 어떤 대화에서도 그 단어를 들을 수가 없었을 것이다. 그 단어를 눈으로 먼저 보고 소리를 듣는 상황이 되어야 겨우 깨달았을 지도 모른다. 항상 어떤 단어를 외우던지 그 단어의 소리를 제대로 기

억하자. 우리가 아는 모든 단어가 진정으로 듣고 말하기에 쓰일 수 있

는 단어가 되도록 만들어야 한다.

03

토익 950점?
영어 말하기 50점!

영어공부를 처음 시작할 때쯤이었다. 나는 영어회화 실력을 높이고 싶은 마음이 간절했지만 내가 사는 곳에서는 제대로 된 학원을 찾을 수가 없었다. 그래서 무작정 짐을 싸고 서울로 올라와 강남의 어느 학원의 회화 수업을 듣기 시작했다. 나는 실력이 되지도 않았는데 중급 수업도 아닌 고급 수업을 당차게 등록했다. 그 고급 수업 안에는 유학을 갔다 온 영국발음을 가진 학생과 서울에서 명문대학교를 다니며 토익 950점을 받은 학생도 있었다.

나는 그 어떤 조건도 그들보다 나은 것이 없어서 기가 죽었지만 '이미 등록한 거 어쩌겠어? 창피하더라도 맘대로 해보자!'라는 생각으로 제일 앞자리를 두려움에 떨며 앉았다.

수업이 시작되었고 선생님은 짝을 지어 앉도록 했다. 나의 짝은 서울에서 명문대학교를 다니는 토익 950점 학생이었다. 수업 방식은 이러했다. 어떤 주제에 대한 대표적인 질문 몇 가지를 보여주고 질문에 대한 예시 답변을 화면에 띄운다. 선생님이 각 예시 답변 안에 주로 쓰이는 단어, 관용표현 등을 간단하게 설명해주면 나만의 문장을 만들어 짝꿍과 3분 정도 이야기를 한다. 선생님은 돌아다니며 잘못된 부분을 수정해준다.

첫 번째 질문이 짝꿍 입에서 흘러나왔다. 나는 주어와 동사 순으로 아주 기본적인 문장을 버벅거리며 간신히 이어나갔다. 앞쪽 스크린의 예시를 어쭙잖게 나의 문장 안에 넣어보며 답을 했다. 나의 영어 실력은 고급반 안에서 확연히 드러났다. 그렇다면 토익 950점 학생의 답변은 어땠을까? 형편없었다. 그는 나보다 더 문장을 이어나가는 데 주저하였으며, 수많은 영어들이 입안을 맴돌며 나오지를 못했다. 나의 부끄러움은 온데간데없어지고 짝꿍에게 동질감을 느끼며 오히려 그가 답변을 만드는 것을 도와주었다.

그 학생의 높은 토익 점수와 말하기 실력은 비례했는가? 아니다. 오히려 그가 알고 있던 실용적이지 않은 수많은 어려운 어휘들이 쉬운 말하기를 방해할 정도로 도움이 되지 않았다. 토익공부를 하며 무수히 풀었을 문법문제와 어려운 단어들은 영어 말하기 50점도 안 되는 사람에게는 백해무익했다.

우리나라의 영어공부는 입시 전, 취업 전이 가장 활발하다. 그나마 열심히 단어와 문법 등을 외워서 억지로 끌어낸 실력이다. 그러나 순서가 잘못되었고 기본적인 언어 향상의 요소를 간과하고 있기 때문에 일시적으로 끌어낸 영어 실력마저도 유지되지 못하고 이내 사라진다.

우리나라는 초등학교부터 대학교까지 공교육과 사교육을 합쳐 평균 2만 시간을 투자할 정도로 교육열이 높다. '1만 시간의 법칙'에 의하면 우리는 이미 영어를 마스터하고도 남아야 한다. OECD 국가 중에서도 우리나라는 영어사교육비 1위에 해당할 정도이지만 성과가 그에 비해 너무 미미하다. 그 노력의 10분의 1만이라도 제대로 된 방법으로 했다면 영어공부가 이렇게 지겹고 괴롭지는 않았을 것이다.

토익점수와 말하기 실력은 관련성이 희박하다. 지금 영어회화 실력을 높이려고 마음을 먹었다면 토익점수를 올릴 것이 아니라 내가 제시한 방법으로 실제 영어 실력을 쌓기를 바란다. 토익 950점, 말하기 50점의 사람보다는 토익점수가 없어도 말하기 점수가 만점이 되는 사람이 진짜 실력을 가진 사람으로 성공한다는 것을 기억하자.

나는 토익시험을 쳐본 적이 없다

오늘도 사람들이 바쁜 일상을 마친 후 지친 몸을 이끌고 토익학원으로 향한다. 자기 발전을 위해 끊임없이 노력하는 자세는 정말 훌륭하다. 하지만 영어공부를 하는 목적에 대해 다시 한 번 생각해본다면 당신의 소중한 시간을 올바르게 투자하고 있는지 돌아볼 필요가 있다.

조금 빠른 기업은 영어 말하기 시험을 적극적으로 반영해서 채용하고 있지만 아직도 대다수의 기업과 공공기관들은 토익을 기본으로 깔아놓고 영어 말하기를 추가적으로 공부해 오도록 유도하고 있다. 결국 취업준비생과 직장인들은 토익점수를 2년마다 갱신하면서 영어 말하기 실력까지 올려야 하는 이중고를 겪어야 하는 것이다.

나는 이제껏 토익시험을 자의로 응시해본 적이 없다. 처음 대학교에 들어갔을 때 모든 신입생이 무조건 응시해야 했던 토익시험이 처음이자 마지막 토익시험이었다. 토익점수를 따놔야 하나 하는 생각은 가끔 들기는 했으나 이상하게 절대 실행에 옮기지는 않았다. '토익은 쓸데없어. 실용적이지 않아.'라는 생각을 무의식중에 하고 있었던 것 같다.

그러나 취업을 준비해야 하는 상황이 되자 고민이 되기 시작했다. 이력서의 공인영어인증시험 칸을 비워둘 수는 없었다. 그런 나의 고민을 들은 친구가 '오픽OPIc'이라는 시험을 알려주었다. 나는 당장 그 시험에 대해 알아보고 중간 레벨 책을 사서 공부를 시작했다. 그때부터 나의 영어 말하기 공부가 시작되었다. 좋았다. 실용적인 말하기에 쓰는 단어와 표현들이 많아 보였다. 실제로 공부한 내용이 미국 드라마나 방송에서 사용되는 것을 보며 다른 어떤 책보다는 도움이 된다는 생각에 공부할 맛이 났다. 열심히 따라 읽으며 그 표현들을 익히고 나만의 표현으로 만들기 시작했다.

3개월 만에 말하기 중간 레벨을 따고 더 이상 점수가 올라가지 않자 나는 또 고민에 빠졌다. '무엇이 문제일까?' 그때부터 실전을 겪어야 한다는 생각이 들었다. 인터넷에서 영어를 배울 수 있는 자료란 자료는 눈에 불이 난 듯이 찾아 나가기 시작했다. 그래서 외국인과 이야기할 수 있는 어플리케이션을 찾았고 외국인과의 접촉을 바로 시작했다.

오픽은 영어 말하기를 시작하는데 정말 많은 도움을 주었다. 실제 사용하는 표현을 익혀 말하는 연습의 기본을 다지는데 큰 도움이 되었다. 그러나 공부해서 얻은 이론을 쓸 때 필요한 실전의 현장이 부족하니 혼자 공부하거나 한국 사람과 스터디를 하는 데엔 한계가 있었다. 그리고 오픽 또한 시험이기 때문에 자주 쓰는 주제와 문제를 분석하여 그에 대한 말하기 대본을 잘 외워서 말하는 사람이 높은 점수를 얻을 수 있었다. 그 방법으로 내가 원하는 말하기 실력을 올리는 데에는 한계가 있음을 느꼈다.

이를 계기로 나는 한국에서 살아 있는 영어를 접하고 쓸 수 있는 실전 현장을 찾아 떠나기 시작했다. 그 과정을 반복함으로써 실제로 쓰는 영어, 스스로 말할 수 있는 나의 실력을 얻어냈다.

05

외국인도 알 수 없는
한국 영어

　나에게도 영어 때문에 생긴 매우 부끄러운 실수들이 많다. 이론적으로 공부했던 한국 영어들로 외국인 친구에게 폭격을 가하던 시기에 있었던 사건을 소개하겠다.

　N이라는 외국인 친구에게 내가 버스정거장까지 배웅해주겠다는 말을 하기 위해 단어장에서 보았던 기억이 있는 'send off(배웅하다)'를 써서 "I send you off to a bus stop."이라고 말한 적이 있었다. 그러자 N은 고개를 갸우뚱하더니 무슨 말을 하려는 거냐고 다시 물어왔다. 내가 손짓과 발짓을 하며 설명하자 N은 웃으면서 그럴 때는 "I take you to a bus stop."이라고 말하면 된다며 알려주었다. 쉬운 단어들의 조합이었고 바로 이해가 되었지만, 그때는 이 쉬운 말을 절대 혼자서 영작하진 못했을 것이다.

한국어를 영어로 직역해서 바꾸면 단어가 어려워지는 말이 많다. 우리는 영어에서 많이 쓰는 Take, Get, Have, Make의 쓰임을 다 알기가 힘들다. 수많은 상황에 따라 일차원적인 단어가 다차원적으로 적용되기 때문이다.

또 다른 사건은 D라는 외국인 친구와 있었다. 그녀는 자기가 좋아하는 남자 때문에 2년 동안 마음 아파하고 있었다. 그녀와 그에 대한 이야기를 하다가 내가 "Have you ever had any skinship with him?"(그와 스킨십을 해본 적은 있어?)이라고 물어봤다. 그녀는 도리어 'Skinship(스킨십)'이 뭐냐고 물어왔다. 내가 D의 손을 잡고 안아주면서 "Like this!!"(이런 것!!)라고 말하자 그녀는 크게 웃었다. D는 스킨십이라는 단어가 피부를 벗기는 것과 같은 뜻인 줄 알았다고 했다.

스킨십이라는 단어는 우리나라의 단어장에도 있는 단어이다. 하지만 외국인들은 그 뜻을 모르기도 하고 미국에서는 그런 말을 쓰지 않는다고 했다. 우리의 스킨십과 비슷한 의미로 말하고 싶다면 'Touch'나 'Physical contact' 정도를 쓰면 될 것 같다.

이처럼 사전적으로 맞는 의미를 가지고 있는 것이라 할지라도 일상적인 언어로는 쓰지 않거나 조금 다른 상황에 쓰인다는 것을 알 수 있다. 우리는 영어를 미국식으로 쓰기보단 한국식 영어로 쓴다. 그래도 이 정도는 양호한 편이다. 그동안 우리가 수능시험을 치기 위해 오랜 시간 동안 공부했던 입시영어는 더 충격적이다.

유튜브에 보면 'Can I pass the korean CSAT exam?'이란 제목으로 외국인이 한국 수능시험 문제를 풀어보는 동영상들이 많이 올라온다.

그들은 수능시험 문제을 풀면서 한 문제를 어떻게 1분 안에 푸는지, 읽는 데만 1분이 걸린다고 불평을 하기도 하며, 이게 정녕 영어 레벨을 테스트하는 시험인지에까지 의문을 가지는 걸 볼 수가 있다. 우리가 10년간 배우는 한국식 영어공부의 결과가 수능시험인데, 수능시험의 평가 자체가 실제 영어 실력과 크게 상관이 없음을 나타내주는 예라고 볼 수 있다.

예전부터 영어를 잘 못했다고, 수능시험 영어 점수가 낮았다고 해서 걱정할 필요가 없다. 이제 제대로 실제 외국인들과 통하는 영어, 말이 되는 영어를 공부하면 된다. 원어민도 알 수 없는 한국식 영어로 우리는 20년이 가까운 시간을 낭비했다. 무언가 잘못된 것을 느꼈지만 어떤 것이 잘못됐는지 정확하게 알 수 없었다면 이제는 제대로, 그리고 쉽게 시작하자.

06

아기가
문법부터 배웠니?

 방학을 하거나 새해가 다가올 때 등과 같이 영어를 공부해야겠다고 느끼는 순간이 있다. 그러면 대부분은 당장 서점으로 달려가서 이것만 하면 영어를 잘할 수 있다고 소리치고 있는 다양한 책을 몇 권 산 후 흐뭇한 기분과 함께 집으로 돌아온다. 그러곤 우리가 영어의 틀이라고 배운 문법책을 펼 것이다. 열심히 이론을 공부하지만 그 사이 영어에 대한 흥미는 바닥을 치기 시작한다. 다음 날, 그 다음 날도 그런 식으로 조금씩 공부하겠지만 영어가 그저 지루하게만 보인다는 생각이 늘어나고 영어가 늘고 있는지 의심스럽다.

 많은 사람들이 언어공부를 단거리 달리기하듯 초반에 열정으로 달아올랐다가 식고, 또 해야 할 이유가 있으면 달렸다가 식고를 반복하며 영어 실패의 경험을 쌓아올리고 있다. 그러나 극단적으로 말해서 만약 당신이 한국에서도 꾸준히 영어로 이야기할 수 있는 상대가 있다면 문법책으로 끙끙대며 공부하는 것보다 영어를 잘하게 될 수 있다. 그 정도로 문법에 집착하지 않아도 영어는 어느 정점까지 충분히 늘 수 있다는 것이다.

예를 들어 아기들이 언어를 배우는 과정을 살펴보자. 아기들은 글자를 아예 모르기 때문에 엄마의 목소리를 듣고 따라하면 엄마가 잘못된 곳을 고쳐주고, 다시 새로운 단어와 문장을 배운다. 이런 과정을 5~6살까지 반복한다. 문법적인 요소는 초등학교를 들어가게 되면서야 배우게 된다. 자연스러운 일상대화를 통해 말하는 방법을 배우고 그 원리를 7~8년 뒤에나 배우게 되는 것이다.

우리는 어른이고 이미 모국어를 한국어로 굳혔기 때문에 외국어인 영어를 배우는 과정이 아기의 원리와 완벽히 같을 수는 없다. 하지만 그것을 어느 정도 참고할 필요는 있다. 한국인이 공부하는 극단적으로 이론적인 영어공부의 과정과 아기의 이론 없이 바로 시작되는 실전 상황이 조금 어울려지면 훨씬 더 좋은 방법이 탄생하기 때문이다.

문법을 먼저 시작하지 않아도 된다. 문법부터 시작해야 한다는 부담감을 던져버려라. 그냥 기본적으로 쉬운 회화책으로 실생활에서 쓰는 표현을 먼저 익히고 영어를 많이 말하고 들을 수 있는 곳으로 가서 열심히 말하고 들어라. 늘 말하지만 자신의 문장이 엉망이어도 된다. 유독 문법적으로 맞게 말하는지 눈에 레이저를 키고 신경을 곤두세워

지적을 하는 사람이 있다. 그러는 사람치고 유창하게 말하는 사람을 보지 못했다. 그렇게 남을 몰아세우는 사람은 정작 자신은 틀릴까 두려워 말하지 못하는 사람이다. 그런 사람이 주변에 있다면 영어공부에 도움이 되지 않는다. 이것 또한 한국 교육의 폐해라고 할 수 있다.

문법 형태가 틀리든 말든 말이 통하기만 하면 신나게 말하기 연습을 해야 한다. 더불어 다양한 회화책을 보며 올바른 형태의 문장에 계속 노출이 되다 보면 기본적으로 '보통 영어 문장은 주어 · 동사 · 목적어 순으로 나오는구나.', '과거로 말하려면 동사가 바뀌는구나.' 정도는 굳이 문법책을 보지 않아도 자연스럽게 알게 된다. 그래서 그 쓰임들이 늘어나고 자연스럽게 알게 된 사실들을 써보는 데에 흐름이 생기면 당신은 영어가 지겹고 재미없기보다는 하나씩 던지는 즐거움, 조금 완벽하지 않아도 문장을 만들 수 있다는 즐거움을 더 알게 될 것이다.

일부 사람들은 그렇게 말하는 것은 잘못된 영어이고 진짜 영어가 아니라며 비난의 목소리를 높일 것이다. 다시 말하지만 그런 목소리는 무시하려고 노력하고, 멀리하려고 노력해야 한다.

그런 식으로 스스로의 패턴을 잡아가고 습관이 안정될 때쯤 문법책을 봐야 한다. 그러나 당신의 말하기를 고쳐줄 아기의 엄마 같은 존재가 있다면 굳이 문법책을 보지 않아도 된다. 당신의 반복되는 문법적 실수를 간단하게 고쳐주고 그 원리를 설명해주며 예시를 들어 보여줄 수 있는 사람이 있으면 좋다. 그렇다고 말을 할 때마다 문법적인 지적을 하는 사람을 말하는 것은 아니다. 당신이 신나게 말하게 두면서 가끔씩 가볍게 체크해줄 수 있는 사람이 이상적이라는 것이다.

그런 사람이 없다면 조금 지루하긴 하겠지만 한번씩 문법책을 보며 조금 다듬어지지 않은 당신의 문장을 정돈하고 원리를 이해하면서 예시를 통해 그 문법의 문맥을 생각해보는 시간을 가져야 한다. 컴퓨터의 디스크 조각모음 기능처럼 말이다. 아예 자료가 없고 한 번도 쓰지 않은 컴퓨터에서 디스크 조각모음을 하는 것은 별로 효과적이지 않다. 그러나 이 기능은 많은 정보가 쌓이고 나서는 컴퓨터의 기능을 활성화시킨다. 문법도 그 정도의 역할로서 영어공부에 기여를 하면 된다.

문법은 처음부터 시작하는 것이 아니다. 기본적으로 정리할 자료와 영어를 써본 경험이 있는 사람이 문법책을 보면서 '아, 그래서 그렇게 말했구나. 이때는 이렇게 말했어야 했네.'라는 깨달음의 순간이 있을 때 하는 것이다.

07

시험영어 VS 실용영어

　나는 오늘도 실용영어를 습관처럼 공부한다. 당신이 시험영어를 공부하고 있다면 영어 말하기 같은 실용영어가 잘 안 되는 것을 이상하게 생각하지 말자. 실용적인 영어가 아니라 시험용 영어공부를 매일같이 하고 있는 당신이 영어 말하기가 안 되는 것은 너무 당연하다.

　토익은 주로 비즈니스 상황에서 사용하는 영어를 공부하기 때문에 책을 펼쳤을 때 영어로 빽빽한 내용들이 먼저 보인다. 전체적으로 눈에 들어오지 않는 어려운 어휘들로 이루어져 있다. 쉬운 문장도 바로바로 구사하지 못하는 사람에게 토익으로 영어 말하기 실력을 올리기는 무리인 듯 보인다.

토익스피킹이나 오픽은 어떤가? 토익과 학창시절에 했던 영어공부보다야 실용적인 말하기 시험이기 때문에 이것만 높은 점수를 받으면 영어 말하기를 잘하겠지라고 기대할 수 있다. 하지만 슬프게도 그렇지 않다. 다른 시험보다는 확실히 더 말하기와 듣기 실력을 향상시켜준다. 그러나 이 또한 시험이기 때문에 시험 틀에 맞는 패턴들을 잘 외우면 자기 실력에 비해 높은 점수를 받을 수 있다.

물론 토익스피킹과 오픽에서 지속적으로 만점을 받는 사람이라면 실제 영어 실력이 높을 수 있다. 그리고 그 사람은 실력과 동시에 시험 스킬을 잘 알고 있는 사람이라고 할 수 있다. 영어를 잘하는 사람도 시험 스킬이 부족하면 시험에서 요구하는 답을 논리정연하게 바로 설명할 수 없다.

요즘은 외워서 하는지 자연스럽게 바로 나오는지를 조금 더 섬세하게 채점하기 때문에 진짜 실력을 가진 사람만이 토익스피킹과 오픽에서 최고점을 받을 수 있기는 하다. 문제는 이 시험영어를 공부하는 방법만으로는 실제 영어 실력이 쌓이지 않는 다는 것에 맹점이 있다. 학원에서는 단시간의 점수 향상을 보여줘야 하기 때문에 어쩔 수 없이 기본 패턴과 정형화된 문장을 외워서 시험을 치는 기술을 가르치기 때문이다.

결론적으로 이야기하면 실용영어를 잘 하는 사람은 시험영어에서 높은 점수를 받을 수 있지만 시험영어 방식으로 공부한 사람은 실용

영어를 잘할 수 없다. 평생 장내 기능 시험장에서만 운전 연습을 하듯 공식에 맞는 영어공부만 하고 있을 텐가? 아니면 실용영어로 더 큰 세상을 볼 것인가? 당신의 선택에 달려 있다.

08

이미 아는 문법만으로도
충분하다

    영어공부를 시작하기로 마음을 먹었다면 본인이 간단한 문장을 만들 수 있는지 체크해보았으면 좋겠다.

예시 문장

강아지랑 산책 가고 싶어.

곧 도착할 거야.

저녁 먹으러 나갈 거야.

예시 답안

I want to take a walk with my puppy.

I will get there to be soon.

I am going out for dinner.

이 짧은 문장을 만들 때 문법책을 공부해야 할 필요가 있을까? 관계대명사, 가정법, 분사 구문, 현재완료가 들어있는가? 아니다. 문법 공부라는 거창한 절차 없이 저 문장을 그냥 만드는 연습을 시작하면 된다.

다행인건지 모르겠지만 우리가 입시영어로 처음 영어공부를 시작할 때 배운 문법들 중에서 간혹 기억이 나는 문법들이 있다. 기억나는 문법이 없어도 문장 만들기를 몇 개만 해보면 다 알게 된다.

- 주어 · 동사 순으로 시작한다. 목적어가 필요한 문장이면 주어 · 동사 · 목적어 순으로 말을 한다. 이를 모른다 할지라도 말하는 연습을 하다보면 자연스럽게 알게 된다.
- 미래의 문장을 말할 때는 Will을 쓴다.
- 할 수 있다는 말을 할 때는 Can을 쓴다. Will과 Can 같은 동사를 도와주는 조동사 뒤에는 원형 동사가 온다.
- 현재 하고 있는 것을 말할 때는 Be + ~ing인 현재진행형으로 이야기한다.
- Be 동사 일반 동사의 구분.
- 일반 동사일 때는 Do 조동사를 써서 의문형과 부정문을 만든다.
- 과거동사는 주로 ~ed를 붙여서 이야기한다.

이 정도는 우리가 알고 있는 문법이 아닌가? 나열해보니 우리는 생각보다 많은 문법을 이미 알고 있다. 그렇다면 이 문법들을 알고 있다고 해서 앞서 나온 예시 문장을 만들기가 쉬웠는가? 슬프게도 아니다. 그럼 우리가 먼저 해야 할 일은 문법책을 처음부터 하나하나 공부하는 것이 아니라 지금 알고 있는 문법부터 사용해서 문장 만들기 연습을 하는 것이다.

사실 우리는 다음 문장들도 입에서 바로바로 나오지 않는다.

- 기본문장 : 나는 책을 읽는다. I read a book.
- 부정형 : 나는 책을 읽지 않는다. I don't read a book.
- 의문문 : 너는 책을 읽니? Do you read a book?
- 의문부정형 : 너는 책을 읽지 않니? Don't you read a book?
- 미래 : 너는 내일 책을 읽을 거니? Will you read a book?
- 과거 : 나는 책을 읽었다. I read a book.(read-read-read)
- 현재진행형 : 나는 책을 읽는 중이다. I am reading a book.
- 조동사를 써서 의문문, 부정문, 부정의문문 : 나는 책을 잘 읽을 수 있다. I can read a book.
- 주어가 3인칭일 때 동사의 변화 : 그녀는 책을 읽는다. She reads a book.

모든 예를 들 수 없지만 이만큼 우리가 아는 문법만으로도 상당히 많은 문장을 만들 수 있다. 이 기본 문장 만들기 틀을 가지고 연습을 하여 어느 정도 익숙하게 말할 수 있게 되면 놀랍게도 당신은 외국인과 기본적인 대화를 끊기지 않고 이어갈 수가 있다. 이 기본적인 문장의 틀을 여러 상황에 맞게 중얼거리면서 연습을 하면 기본 말하기에 쓰이는 어휘력이 늘게 된다. 앞서 소개한 제대로 된 단어공부 방법으로 연습을 한다면 당신의 말하기 실력은 정말로 일취월장한다. 혼자 연습해도 되고, 친구랑 같이 연습해도 되고, 학원을 다녀도 되고, 스터디를 해도 되고, 과외선생님과 연습해도 된다.

자신의 스타일에 맞게 이 기본 말하기 연습부터 시작하면 그동안 문법책만 죽어라 봤을 때보다 훨씬 더 영어를 잘한다는 소리를 들을 것이다. 기본 말하기를 연습하는 기간 동안은 영어를 우선순위에 두었으면 좋겠다. 초반 3~6개월 정도는 이 기본 틀을 사용해서 영어 뇌를 만드는 시간이다. 따라서 최선을 다해서 틈틈이 문장 만들기 연습을 하고 단어를 찾아 중얼거려라. 눈에 보이는 모든 상황은 다 영어 문장 만들기의 예시이다.

24시간을 영어공부에 집중하라는 것은 아니다. 일과 육아 같이 꼭 해야 하는 어떤 일을 제외하고는 하루 종일 영어를 머릿속에서 꽉 잡고 있겠다는 다짐을 해야 한다는 것이다. 나는 초반 3개월을 영어에 올인했다. 지금은 하라고 해도 못할 만큼의 큰 열정으로 영어 뇌를 만드는데 성공했고 습관이 잡히니 그 뒤부터는 훨씬 수월하고 재미있게 영어를 할 수 있었다.

그렇다고 문법공부를 전혀 하지 않았던 것은 아니었다. 최대한 안 하려고 버텼지만 영어학원에서 일을 하게 되니 어쩔 수 없이 가르치기 위해 문법책을 봐야 했다. 웃긴 것은 하기 싫었던 문법공부가 재미있다고 생각했다는 점이다. 문법책을 다시 본 것이 영어 말하기가 어느 정도 될 쯤이었는데 실전 후 이론을 본 느낌이었기 때문에 너무 쉽게 이해가 돼서 혼자 책을 보다가 피식피식 웃었다. 더불어 그동안 '이때는 어떻게 말을 해야 할까?'라고 궁금증을 가지고 있던 것들에 대한 답을 문법책을 보며 찾기도 해서 즐거웠다. 문법은 이렇게 공부하는 것이다. 말하기를 하면서 궁금할 때 한번씩 들여다보는, 나의 말하기 실력을 보완해줄 용도로 말이다.

나는 황소 뒷걸음치다가 쥐 잡은 격으로 이 원리를 발견했다. 이것이 제대로 된 영어공부를 하는 순서였다는 것을 하면서 깨달았다. 이제는 문법을 반드시 해야 하는 상황이 아니면 별로 하진 않는다. 일상생활에서 쓰는 문법은 문법책보단 복잡하지 않기 때문이다. 하지만 일하면서 한번씩 정리했던 문법 지식이 도움이 됐다는 것 또한 사실이다.

'그래도 결국 문법공부를 어느 정도는 해야 하네.'하며 조금 실망할 수 있을 것이다. 그러나 처음부터 어렵게 생각하지 않고 신나게 영어로 말을 하다보면 보완할 때가 알아서 오게 되어 있다. 그때 조금씩 어렵지 않게 문법을 공부하게 될 것이다.

처음 시작할 때 너무 멀리 있는 목표까지 다 해야 한다고 생각하면 중간에 포기하기가 쉽다. 그러나 천천히 단계별로 올라가다 보면 나중에는 스스로 필요하고 궁금해서 문법을 찾게 될 수 있다. 또는 공부하다가 우연히 깨달을 수도 있다. 그렇게 하다 보면 어느 순간 많은 것을 알고 있고 사용하게 된다.

이미 아는 문법으로도 충분하다. 가볍게 시작하자.

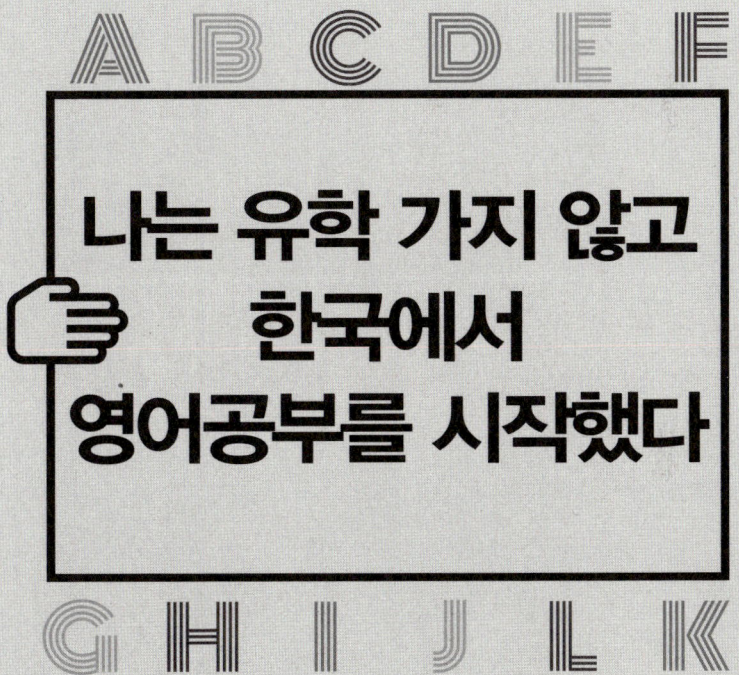

ABCDEF

나는 유학 가지 않고
한국에서
영어공부를 시작했다

GHIJLK

01

유학을
선택하지 않았던 이유

"난관은 낙담이 아닌 분발을 위한 것이다. 인간의 정신은 투쟁을 통해서 강해진다."

나에게 닥쳐 온 난관은 오랜 시간 나를 힘들게 했다. 나는 그 난관 앞에서 오랫동안 낙담하며 이겨내기보단 피해왔다. 그것은 '고소공포증'이었다. 공포증 하나로 더 많은 것을 할 수 있었던 기회를 놓쳤다. 아니, 내가 무서워서 시도도 하지 않았다.

고소공포증 자체도 힘들었지만 스스로에 대한 자괴감으로 더 힘들어했다. 남들에게는 아무것도 아닌 비행기를 타는 것이 나는 죽을 만큼 무서웠다. 높이 올라간다는 그 사실 자체가 공포였고 떨어질지도 모른다는 불안감에 20대에 한번은 다 가보는 해외여행도 가보지 못했다. '평생 한국에서 살 거야. 해외 안 나가도 돼.' 나는 그렇게 스스로를 가두어버렸다. 지금 생각하면 그 가능성조차 차단해버린 과거의 내가 끔찍할 정도다. 나는 남들이 생각하기에 어이없는, 하지만 나에게는 너무 컸던 그 이유로 해외로 가는 선택을 할 수 없었다. 그래도 영어를 잘하고 싶었기에 한국에서 무작정 방법을 찾아나가기 시작했다.

'내가 나갈 수 없으면 외국인을 한국으로 불러들이면 된다.' 그 무시무시한 생각을 나 살자고 했다. 그리고 해내고 말았다. 온라인으로 사귀게 된 친구가 나를 보러 한국에 오겠다고 한 것이다. 나는 한국의 가이드가 되어 10일 동안 그 친구를 한국 이곳저곳에 데리고 다녔다. 이렇게 영어공부를 시작하면서 말도 안 되는 일들이 일어나기 시작했고 그 작은 시작과 시도들은 성공과 실패를 반복하면서 나를 강하게 만들었다. 수동적이고 방어적이었던 인생이 능동적이고 공격적으로 바뀌었다. 주위 사람들이 나보다 넓은 세계를 보고, 다른 세상에서 왔으며 미래에도 끊임없이 세계를 누비고자 계획하는 사람들로 바뀌었기 때문이다.

어느 순간부터는 미국을 여행해보고 싶다는 생각이 밀려오기 시작했다. 영어공부를 하면서 점점 한국 밖을 나가야겠다는 암묵적인 의무감도 들었다. 나의 절실한 바람은 고마운 은인을 만나게 해주었고 고소공포증이라는 난관을 이겨내게 되었다. 내가 힘들어하는 부분을 그 사람에게 말했고 그 사람은 다른 사람들이 나에게 했던 비웃음과 비난의 말이 아닌 나 스스로의 가치를 일깨워주고 믿음과 격려로 나를 일어서게 했다. 그 이후 나는 영어공부를 시작한지 2년 정도 되었을 때 미국으로 여행을 떠났다.

아직도 높은 곳이 그렇게 좋진 않다. 하지만 나는 내가 새롭게 그리는 미래를 위한 최소한의 길을 열었다는 것만으로도 성공적이라고 생각하고 너무 감사하다. 그 시작이 많은 것을 바꾸리라는 것을 알기 때문이다. 나는 극복했고 그 과정으로 인해 영어를 한국에서 마스터하는 독특한 경험과 나만의 스토리를 만들었다. 나는 지금도 그 경험에서 얻은 깨달음으로 새로운 도전을 하고 있다. 평생 한국에서 살 것이라 했던 나의 계획은 이제 넓은 세상에서 살아보는 꿈으로 바뀌었다.

02

흙수저라고 해서
영어를 포기하지 마라

요즘 이곳저곳에서 비탄의 목소리로 들려오는 단어가 바로 '흙수저'이다. 예전에는 가난하게 태어난 사람이라도 노력만 하면 성공할 수 있었다. 그러나 지금은 금수저를 물고 태어나지 않는 한 우리가 바라는 희망찬 미래를 혼자 힘으로 이뤄내는데 한계가 있다.

기뻐해야 할지 슬퍼해야 할지 모르겠으나 나의 영어공부법은 정말 누구든 할 수 있는 방법이다. 의지가 금수저를 넘어설 수 있는 강력한 사람이면 충분히 해낼 수 있다. 흙수저라고 해도 스마트폰, 컴퓨터, 텔레비전 중 2개 이상은 가지고 있을 것이라 생각한다. 그러면 누구나 할 수 있다.

나는 유학을 5년 이상 갔다 온 사람의 실력을 한국에서 3년 만에 얻어냈기 때문에 눈에 보이지 않는 엄청난 가치를 번 것이나 다름이 없다. 물론 나의 영어공부는 아직도 지속되고 있다. 영어라는 언어는 유학을 갔다 와서도 감을 유지하기 위해 지속해야 한다. 듣기 실력은 어느 정도의 위치를 넘으면 계속 들린다. 비교적 수동적인 공부 방법이기에 유지하기도 더 쉽다. 그러나 말하기 실력은 한국에서 전혀 사용하지 않은 채 몇 년이 흘러가버리면 떨어진다. 결국 일정 수준의 영어 실력을 유지하고 싶다면 유학을 갔다 온 사람도 한국에서 계속 노력을 해야 한다는 말이다. 당신이 만약 흙수저라고 비관하고 있고, 유학을 가지 못했기 때문에 영어를 못한다고 좌절하고 있는 사람이라면 나는 그것은 문제가 아니라고 이야기해주고 싶다. 방법을 몰랐을 뿐 당신도 충분히 할 수 있다. 돈에 여유가 없는 사람뿐만 아니라 주변에 돌봐야 하는 가족이 있어서 해외로 떠날 수 없는 사람도 할 수 있다. 내가 한 방법은 한국을 벗어나지 못하는 사람, 모두가 할 수 있는 방법이다.

어쩌면 나도 유학을 갈 수 없는 형편이었기에 유학을 갔다 와서 나보다 더 쉽고 빠르게 영어를 잘할 수 있었던 사람들에 대한 열등감이 나를 움직이게 했을지도 모른다. 당신도 유학을 갔다 왔고 영어를 잘한다며 잘난 체를 하는 그들의 모습이 마음에 들지 않음과 동시에 그 사람들이 부럽기도 했을 것이다. 그러나 당신이 느끼는 모든 불편한 감정이 무조건 부정적인 것이 아니다. 당신을 움직이게 하는 힘이다.

흙수저라고 누구보다 비관적이고 절망적인 사람들이 있을 것이다. 나도 그랬다. 내가 걱정되는 것은 너무 오랜 시간동안 그 부정적인 감정 속에서 시간을 낭비하지 말라는 것이다. 당신은 열등감을 이용할 수 있는 사람이 되어야 한다.

지금 당장 어떤 것부터 해야 할지 모르겠다면 '영어'부터 해라. 내가 한 그대로 제대로 재미있게 공부했으면 좋겠다. 나는 영어를 공부하면서 많은 사람들이 놀랄 정도로 긍정적이고 밝은 사람이 되었다. 영어만 잘하게 되는 것이 아니라 나의 사고방식, 꿈, 의식까지도 긍정적이며 크게 성장했다. 많은 사람들이 영어가 중요하다는 것도 알고 잘하고도 싶어 한다. 하지만 한국적인 방식으로 영어에 매달려봤자 시간 낭비, 돈 낭비다. 그리고 유학을 갈 상황이 안 되는데 그 상황을 억지로 만들려고 하는 것은 한국에서 영어공부를 시작하는 것보다 어쩌면 더 어려울 수도 있다. 그렇기에 나는 한국에서 영어를 잘할 수 있다는 것을 스스로 보여주고 방법을 가르쳐줌으로써 상황이 여의치 못한 많은 사람들에게 좋은 본보기가 되고 싶다. 내가 느꼈던 행복, 훨씬 나아진 나의 환경, 더 크게 나아갈 꿈을 똑같이 경험할 사람들을 위해 오늘도 응원할 것이다.

03

**영어는
나의 도피처였다**

"당신을 집중하게 하는 것은 무엇인가요?"

　나는 오랫동안 이 질문을 받으면 대답을 할 수가 없었다. 그러나 지금은 "영어를 공부하는 일이죠."라고 당당하게 대답한다. 공부로 시작하였지만 이제는 많은 취미들로 확장되었다. 물론 매일 즐거운 것은 아니지만 심심할 때 바로 할 수 있는 일, 기분이 쳐졌을 때 하고 있으면 빠져들면서 다시 기분이 좋아질 수 있는 것을 가지게 되어 너무 행복하다. 심지어 그 공부가 취미로 확장될 수 있고 꿈을 이루는데 도움이 된다면 더할 나위 없이 행복한 일이다.

　나는 그런 일을 27년 동안 고민하다 찾았다. 너무 감사하다. 그리고 나는 그 첫 성공을 이루고 나서야 내가 좋아하는 것을 열심히 할 때는 아무리 오래 해도 슬럼프가 오지 않는다는 사실을 처음 알았다.

20대 초반의 나는 무엇을 좋아하고 잘하는지 몰랐다. 생각해본 적도 없고 누가 생각해보라고 질문을 던지지도 않았다. 충분히 컸음에도 불구하고 스스로 움직이고 결정하는 자아는 없었다. 그래서 학교에서 이끄는 대로 부모님이 말하는 대로 해야 할 것을 하며 공무원인 아버지의 세뇌에 따라 경찰공무원이 되기로 결심했다. 학교를 휴학하고 집을 떠나 고시원에 들어갔다. 초반 3달 동안은 하루에 13시간을 공부했다. 그러나 초반의 독함은 오래가지 못했고 이내 불면증과 생리불순이라는 평생 처음 겪는 현상이 일어났다. 그렇게 1년 반 동안 내가 원하지 않은 공부를 억지로 했을 때 나의 정신과 몸은 병이 났다. 결국 마지막 6개월은 집으로 돌아와 쇠퇴해진 정신을 견디며 이 공부를 계속해야 할지 말아야 할지 고민하다 그만하기로 결정했다.

지금은 벼랑 끝으로 치닫던 내 인생에서 도피처를 찾았다. 늘 모든 것을 놓아본 적 없이 열심히 살았지만 20대 중반이 넘어도 막상 아무것도 이루어진 것이 없고 모든 것에서 실패한 것 같았을 때, 나를 구해준 것은 영어였다. 그 도피처 안에서 '그 나이 먹도록 뭐했니?'라는 세상의 모든 비난과 무엇보다 힘들었던 스스로의 비난에서 절실하게 공부하여 다친 몸과 마음을 치료했으며, 마침내 마음의 긍정을 되찾았다. 그 도피처는 이제 나에게 안식처가 되고 도전의 장이 되었다.

04

일주일 영어 계획을 세워라

체계적인 영어공부를 위해 계획을 세우는 것은 매우 중요하다. 계획이 없는 공부는 자기만족으로 끝나기 쉽다. 처음에는 영어공부의 습관이 잡히지 않았으므로 자신만의 틀을 만드는데 어느 정도 시간이 걸린다. 영어를 해야 하는 이유와 어느 정도 수준의 영어를 얼마 만의 기간 안에 이룰 것인지에 대한 목표를 세부적으로 정해서 공부를 시작하면 꾸준히 공부하는데 도움이 된다.

1년 안에 외국인 친구와 자유롭게 대화하기.
1년 안에 회사에서 영어 관련 업무로 전환하기.
6개월 안에 가족과의 해외여행에서 통역사가 되어 리드하기.
6개월 안에 해외여행 혼자 가보기.

2년 안에 해외근무 체험해보기.

2년 안에 영어 원서 자유롭게 읽기.

2년 안에 영화와 드라마를 자막 없이 보기.

이와 같은 목표를 세웠다면 관련된 멋진 사진을 찾아 목표 선언 옆에 붙여두자! 영어를 공부할 때마다 영어의 벽을 허물고 자유롭게 자신이 하고 싶은 것을 하는 모습을 시각화를 하며 스스로를 동기 부여하는 과정이 있어야 한다. 나는 버스 안에서 외국인 친구와 자유롭게 대화하는 모습을 매일 상상했다. 1년 안에 꼭 그렇게 되겠다고 생각하며 매일매일 공부했다.

나는 초반에 오픽책으로 공부를 했다. 중간 레벨의 책을 사서 매일 따라 읽고 모르는 단어는 사전으로 찾고 소리를 들으며 따라했다. 그리고 뜻도 외우면서 질문에 대한 나만의 답을 만들어보았다.

이런 나의 방법에도 아쉬운 점은 있다. 지금 돌이켜보면 모든 문장들을 소리로 먼저 듣고 따라 읽었으면 더 좋았을 것 같다는 생각이 든다. 당신은 기본 회화책에 포함되어 있는 음성파일로 대화를 듣고 따라 읽으면서 말할 때 표현들을 익혔으면 한다.

초보자라면 자신에게 맞는 회화책, 일상표현을 많이 익힐 수 있는 책을 사자. 하루에 2~8시간 사이로 자신의 상황에 맞게 공부시간을 정한다. 일주일에 5일 분 정도의 페이지 수(20~50페이지)를 정해놓고 상황에 따라 하루에 4~10페이지씩 융통성 있게 하면서 일주일에 정해진 목표량은 어떻게든 끝낸다는 마음으로 해야 한다. 나는 초반 3개월은 하루에 6~8시간 정도를 공부했다. 그리고 나머지 시간도 영어가 들리든 말든 자연스럽게 들으며 최대한 나를 영어환경에 노출시키려고 노력했다. 달력이나 메모장 등에 일주일 목표량을 적어두고 그날그날 공부한 페이지 수와 자신의 공부 정도를 ☆(매우 좋음)·○(좋음)·△(보통)·×(나쁨)로 등급을 매겨주자.

이제는 인풋에 중요한 기본을 알려주겠다. 어떤 매체로 공부하든 앞으로 소개하는 4단계를 기본으로 이론공부를 해야 한다.

첫째, 듣기다. 처음에는 쉬운 문장을 천천히 명확하게 읽는 듣기 파일을 제공하는 책을 사자. 최대한 귀를 기울여 여러 번 들어보자.

둘째, 따라 읽기이다. 여러 번 듣고도 잘 안 들린 부분을 영어문장을 보면서 표시하고 따라 읽는다. 철자에 따라 어떤 소리가 나는지 연음이나 악센트, 호흡을 생각하면서 최대한 똑같이 여러 번 따라 읽는다.

셋째, 말하면서 표현 익히기이다. 듣는 소리와 비슷한 속도로 따라 한다. 여러 번 읽고 난 후에는 문장에서 모르는 뜻을 사전에서 찾거나 책을 보며 한국어로 어떤 뜻인지 파악한다.

넷째, 스스로 문장 만들기이다. 책을 보지 않고 그날 공부했던 표현을 최대한 사용하여 나만의 쉬운 문장으로 만들어본다.

이 방법으로 입이 트여서 기본적인 문장을 스스로 만들 수 있을 때까지 3개월에서 6개월 정도 지속한다. 이때 일주일에 1번 정도 공부한 만큼 아웃풋이 있으면 더 열심히 하게 된다. 나는 SNS를 통해 외국인 친구와 메시지를 주고받거나 전화를 했다.

입이 트일 때까지 혼자서 중얼거리며 일상의 모든 것을 영어로 말해보는 연습을 해도 좋고, 학원에 가서 초보학생들과 같이 스터디를 해도 좋다. 핵심은 계속 머릿속에 있는 것을 끄집어내서 말해보는 훈련을 해야 한다는 것이다. 처음에는 한국인 친구들과 하는 것이 덜 부담스럽고 자신감을 얻는데 좋다. 그냥 말을 끄집어내서 던질 대상이 필요한 것이기 때문이다. 영어로 말하는 것이 재미있어질 때쯤 중급 단계로 넘어가면 된다.

이제 조금 더 어려운 회화책을 고르거나 레벨이 높은 오픽책으로 넘어오자. 초급 때와 마찬가지로 듣고, 따라 읽고, 표현을 익히며 자신만의 문장을 만들어보면 된다. 여기서부터는 아웃풋을 위한 외국인 친구를 나의 생활 속에 끌어들어야 한다. 외국인 친구가 있어야 좀 더 실용적인 일상 말하기 표현을 익힐 수 있다. 책 외에 드라마나 영화, 인터넷 뉴스 등 여러 매체로 공부를 좀 더 실감나게 할 때이기도 하다. 모두 이해하려고 하지 말고 영어 소리에 더 익숙해지고 가끔 들리거나 반복되는, 귀에 꽂히는 표현을 하나둘 익힌다는 가벼운 마음으로 재미있게 보고 따라하며 공부하자.

영어모임은 일주일에 1번 이상씩 꼭 가져야 한다. 상황이 여의치 않은 사람들은 전화영어에서 프리토킹 영역을 신청해서 진행해도 좋고, 언어교환 프로그램이나 외국인 친구랑 만나서 노는 등 아웃풋 시스템을 조금 강제성을 띨 만큼 일주일에 1번 이상 가져야 한다는 것을 명심하자.

중급 과정을 제대로 지속하면 1년 안에 중급 이상의 말하기 실력을 가질 수 있다. 이 정도 수준이 되면 일상회화에는 문제가 없다. 이 상태가 1년 이상이 되면 영어공부가 취미가 되는 수준으로 넘어온다. 이제 당신의 영어는 추월 차선을 탔다. 끊기지 않고 간다면 어느 정도의 궤도에 올랐기 때문에 예전보다는 적은 노력으로 즐기면서 실력을 서서히 상승시킬 수 있다.

이제 당신의 뇌는 상급 수준으로 가기 위해 영어를 즐길 것이다. 여기서부터는 영어 뇌로의 변환이 쉽게 되고 당신의 귀는 영어 주파수에 익숙해져서 다양한 영어 자극으로부터 정보를 쉽게 수집할 수 있다. 영어단어의 뜻을 몰라도 영어 소리 자체를 인식하기 때문에 그때마다 소리로 들은 단어를 사전에서 음성인식으로 찾고, 말하고, 익히고, 자신의 문장을 만들어보는 것을 습관처럼 하고 있을 것이다.

초반부터 중급 과정까지의 1년 정도는 일주일마다 영어공부 계획을 체계적으로 세워서 꾸준히 해야 한다. 다양한 방법을 시도해보고 4단계로 된 인풋 방법과 일주일에 1번 사람들을 만나는 아웃풋 방법은 지키면서 자신의 성격과 스타일에 맞는 영어공부 습관을 만들어가야 한다. 생활 속에 영어를 녹이는 훈련기간인 1년은 조금의 강제성과 의무감을 띠면서 확실하게 지키자. 그 이후로는 영어가 즐거워져 영어를 잘하면 해보고 싶었던 것을 스스로 찾으며 영어를 취미로 이어가게 될 것이다.

05

계속되는 동기 부여 환경을
만들어라

　무슨 일이든 동기 부여가 매우 중요하다. 지속적으로 동기 부여 환경을 만드는 것은 장거리 마라톤과 같은 언어 공부의 승패를 가르는 것이나 마찬가지이다.

　영어공부의 결과는 계단식으로 올라간다. 열심히 한다고 해서 당장 그 결과가 나타나는 것도 아니고, 열심히 하다가 잠시 슬렁슬렁한 다고 해서 좋은 결과가 안 나오는 것도 아니다. 어느 임계량을 넘는 순간이 와야 한 단계 성장한다. 많은 사람들이 그 이론을 알고 있음에도 불구하고 꾸준하게 성실히 한다는 것은 쉽지 않다. 눈에 보이는 결과 없이 영어공부를 지속하다보면 '지금 이렇게 하는 게 맞는 건가? 제대로 하는 게 맞나?' 하는 의심이 쌓여가기 때문이다.

첫 유레카의 순간이 오기 전까지는 어찌됐든 큰 열정으로 시작하는 것이 중요하다. 3개월은 그 열정으로 힘이 드는지 모르고 열심히 할 것이다. 이후 자신만이 느낄 수 있는 성장을 느낀다면 좋겠지만 사람마다 속도는 다르므로 공부를 지속할 수 있는 자신만의 동기 부여 장치를 두어 병행해야 한다.

내가 써본 동기 부여 장치는 다양하다.

첫째, 내가 하고 싶고, 가고 싶고, 되고 싶은 것을 시각화하는 사진들(휴대전화에 저장하거나 보드 판을 만들어서 사진을 붙여놓으며 가끔씩 보는 것).

둘째, 잠들기 전 하는 'If I can speak in English well~(내가 영어를 잘한다면~)'을 가상한 기분 좋은 상상.

셋째, 내가 잘하고 발전했던 순간의 느낌을 기록 한 일기.

넷째, 버킷리스트.

다섯째, 미래에 무엇을 하고 싶은지 구체적인 목표 적기. 궁극적으로 바라는 것에서 작게 조각내어 그것을 이루기 위해 지금 당장 할 수 있는 것이 무엇인지 생각해보기.

여섯째, 진취적인 사람들의 이야기인 자기계발서.

일곱째, 여행 욕구를 자극하는 여행서적.

여덟째, 영어를 잘하게 된 사람의 이야기.

아홉째, 외국인 친구와 만남을 지속하면서 느끼는 영어의 필요성.

사실 지쳐 있을 때는 이런 방법들을 골라서 실천한다는 것이 귀찮을 수 있다. 하지만 눈을 딱 감고 움직이자. 하고 나면 동기 부여가 되고 심경의 변화가 일어난다.

많은 사람들이 공부가 안될 때 친구랑 만나서 놀다 오면 스트레스가 풀릴 것이라고 생각할 수도 있다. 가끔은 괜찮다. 그러나 궁극적으로 친구와 만나서 노는 시간들은 동기 부여가 되기보다는 자기 합리화를 시킬 가능성이 높다. 그러므로 친구를 만나는 시간을 조금 줄이고 내가 제안한 생산적인 방법으로 자신과 함께 있는 시간을 늘려야 한다. 자신에게 맞는 다양한 방법을 찾아서 재충전이 필요할 때마다 그날그날에 맞는 방법을 선택해 자신을 끊임없이 격려해야 한다.

나는 실용주의자에 가까운 성격이다. 이런 성격은 그 공부가 실제로 필요하다는 느낌을 자주 갖는 것이 중요하다. 그래서 나는 외국인과 계속 만나보는 것이 가장 큰 동기 부여 요인이었다. 이야기하면서 느끼는 영어의 필요성이 나를 가장 움직이게 했다. 반대로 이상주의자라면 다양한 사진을 보며 시각화하고 이상적인 큰 꿈을 상상하며 영어를 공부하는 것이 더 큰 동기 부여가 될 수도 있다.

공부를 유지할 수 있는 마음의 동력에너지를 만드는 것이 동기 부여이다. 그 어떤 꿈도 목표를 이루기 위한 힘Momentum이 되는 동기 부여가 없이는 도달할 수 없다. 이제부터는 공부를 해야 해서 하는 것이 아니라 스스로에게 '왜' 해야 하는지를 끊임없이 일깨우고 마음의 에너지를 충전하자. 그래야 오랫동안 즐겁게 '영어'를 공부할 수 있다.

06

일상에 적용하기 쉬운
영어 습관 만들기

영어를 잘하기가 힘든 이유는 지속적으로 공부하기 힘들어서이며, 지속하기가 힘든 이유는 재미가 없기 때문이다. 나는 영어공부를 누구보다 재미있게 했다고 자부한다. 이제까지 한 어떤 공부보다도 재미있었다. 사실 영어공부 자체의 길은 순탄하지가 않다. 많은 인내심과 좌절을 감내해야 아주 천천히 발전해가는 자신을 만날 수 있다. 초반에는 빠르게 성장하는 것 같지만 입이 트고 나서부터는 자신과의 전쟁 아닌 전쟁을 치르게 될 것이다. 만약 너무 지루한 영어 습관을 만들어 놓았다면 더더욱 그럴 것이다.

초반에는 일정하게 짜인 공부 스케줄을 잘 따라서 하길 바란다. 공부를 할 수 있는 방법이 적기 때문에 일정 수준의 다양한 옵션을 가질 때까지는 하루에 일정한 양을 정해놓고 반복하는 수밖에 없다. 활활 타오르는 초반의 열정으로 조금 지루할 수도 있는 입문 과정을 잘 끝냈다면 장거리 마라톤을 준비해야 한다.

이제는 자유로운 대학생처럼 자신이 주도하는 공부 방법을 찾아내야 한다. 자신에게 맞는 스타일로 말이다. 이 과정이 패턴 형식으로 안정되기까지는 시간이 좀 걸릴 수도 있다. 나는 기본적으로 찾은 안정적인 영어 습관에 새로운 정보처를 찾을 때마다 시도해보고 나에게 맞는지 안 맞는지를 검토한 후 내 영어 습관 옵션에 넣을 것인지를 결정한다. 이 역시 자신이 변화에 대한 자세가 수용적인지 방어적인지에 따라 새로운 것을 시도하는 정도를 조절하면 된다.

나의 영어 습관 리스트에는 다양한 방법들이 있다.

첫째, 회화책으로 일상생활 표현을 듣고 읽기

다양한 회화책을 사놓고 일상회화를 이론적으로 보충해주고 싶을 때 한번씩 듣고 읽는다. 회화책은 오픽처럼 일정 주제에 대한 이야기를 하는 이론책이어도 좋고, 대화하는 형태의 회화책이어도 좋다. 여기서 중요한 것은 꼭 듣기를 바탕으로 소리를 내서 읽자. 아무리 영어가 늘었다 해도 원어민보다 잘할 수는 없다. 자신이 혹시 잘못 알고 있던 발음이나 악센트가 있을 수도 있고, 기본적으로 원어민의 톤과 호흡을 먼저 접한 후 읽는 것은 듣기나 말하기에도 많은 도움을 준다. 요즘은 많은 회화책이 듣기를 당연히 포함하고 있다.

둘째, 뉴스 기사 읽기

일상회화에서 더 나아가 시사적인 내용이나 세계 전반적인 소식을 알고 싶고 그와 관련된 방대한 영어어휘를 공부하고 싶다면 뉴스를 듣고 따라 읽은 후 모르는 단어를 공부한다. 요즘은 어플리케이션이나 SNS를 통해서 뉴스를 쉽게 찾아 읽을 수 있다.

셋째, 미국 드라마 보기

나에게 미국 드라마는 공부가 아니라 텔레비전 보기와 같다. 그냥 재미있다. 그날의 기분에 따라 자막 없이 보기도 하고 피곤하면 자막을 켜놓고 하나씩 익혀가는 분위기로 편하게 본다. 영어가 잘 안 들리는 사람은 영어자막을 켜놓고 보는 것을 추천한다.

넷째, 영화 보기

영화관에서 볼 때는 내용에 집중해서 보고 집에서 텔레비전으로 볼 때는 좀 더 공부하듯이 보지만 역시 내용에 빠져서 볼 때가 더 많다. 영화와 드라마는 가장 알아듣기 힘든 레벨일 수도 있다. 왜냐면 미국의 비속어나 미국 문화 안에 계속 살아야 이해할 수 있는 언어가 가장 많이 녹아 있는 분야이기 때문이다. 참신한 미국인의 표현을 배우기에는 좋지만 모르는 건 모르는 대로 넘어가도 된다.

다섯째, 테드 동영상 보기

나는 테드 동영상 보기를 좋아한다. 책은 읽기 귀찮지만 새로운 아이디어를 접하고 싶을 때 본다. 많은 사람들의 참신한 생각과 아이디어가 영어공부뿐만 아니라 동기 부여에도 도움이 많이 된다. 그러나 전문적인 어휘가 자주 등장하기 때문에 모르는 단어가 많이 나올 것이다. 한꺼번에 다 하려고 하지 말고 적당히 이해하고 정말 궁금한 몇 개의 단어만 찾아보며 전반적인 흐름을 이해하는 쪽으로 가자.

여기서도 듣고 따라 읽기는 필수이다. 잘 읽을 수 있게 된다면 자신이 강연하는 느낌으로 따라서 읽어보자. 동기 부여가 팍팍 될 것이다.

여섯째, 유튜브 동영상 보기

최근 들어 많이 보게 되었는데 상당히 유용하고 재미있는 정보들이 많다. 습관적으로 스마트폰을 들여다볼 때 자연스럽게 보게 된다. 영어에 관한 정보를 보아도 되고 외국인이 생각하는 한국에 대한 주제를 찾아보면 참신하고 실용적인 표현을 배우는데 많은 도움이 된다.

일곱째, 외국인 친구들 만나기

이론을 50퍼센트 배웠다면 최대한 50퍼센트를 실전에서 써보도록 하는 것이 영어공부의 핵심이다. 외국인 친구를 만드는 것이 어렵다면 전화영어나 학원을 통해서라도 일주일에 한두 번은 외국인과의 만남을 만들어야 한다. 처음에는 부담스럽고 무섭지만 계속하면 가장 효과적이고, 영어공부의 연료가 된다.

여덟째, 영어학원 가서 사람들과 같이 공부해보기

요즘 들어 내가 하고자 하는 방법이다. 오랫동안 혼자 공부하다 보니 외부 자극도 필요하다는 생각이 들기 시작했다. 가끔은 스스로의 의지력이 아니라 누군가가 나를 공부하도록 이끌어주었으면 하는 생각이 들었기 때문이다. 하지만 영어학원을 잘 찾아야 한다. 괜찮은 선생님으로 말이다. 스스로 의지력이 부족하거나 같이 공부하는 것을 좋아하는 사람이라면 영어학원을 가는 것도 추천한다.

아홉째, 영어 모임 참여해보기

예전과 다르게 한국 어디에서나 다양한 영어모임이 형성되고 있다. 스스로 외국인 친구를 만드는 것이 어렵다면 다양한 영어모임에 참여해보자. 외국인 친구와 한국인 친구와 같이 파티도 하고 놀면서 즐겁게 영어를 배울 수 있는 곳이다. 언어 교환 같은 모임에 참여해서 한국어를 가르쳐주고 영어를 배우는 것도 좋은 시작이 될 수 있다.

열째, 영어 가르쳐보기

정말 획기적인 방법이다. '가르치는 것이 가장 큰 배움'이라고 하지 않았던가. 정말 그렇다. 나는 학생들을 가르치면서 가장 열심히 공부하게 되고 동시에 깨달은 것도 많다. 실력이 완벽하지 않아도 된다. 내가 조금 더 알면 아는 만큼 남들에게 가르쳐보는 것이다. 가르쳐보면 자신이 어떤 것을 알고 모르는지 알 수 있으며 책임감 때문에 더욱 정확하게 공부하게 된다.

나는 이처럼 많은 방법들 중에서 제약 없이 그때그때 하고 싶은 공부 방법을 선택해서 한다. 자신이 원하는 다양한 옵션을 두고 강제적인 분위기 없이 가볍게 즐기면서 공부를 하는 습관을 만들어 놓으면 공부라는 생각이 안 들고 여가시간을 채우는 하나의 활동으로 영어 공부를 할 수 있다. 일상에 적용하기 쉬운 습관을 만들어 놓아야 영어 공부를 계속할 수 있다. 빠르고 느린 것이 중요한 것이 아니다. 꾸준히 할 수 있는 공부 습관이 있어야 영어가 재미있으면서도 동시에 잘할 수 있게 된다.

07

영어공부,
버티는 힘이 가장 중요하다

영어공부를 하다 보면 영어 실력의 기복이 심하게 자주 온다. 이것은 내가 한국에 살기 때문에 더 그랬다. 어느 정도 영어가 내 머리에 편하게 자리 잡을 때까지는 영어로 말을 하는데 워밍업을 하는 시간이 더 오래 걸리고, 어느 날은 갑자기 뇌가 고장이라도 난 듯이 영어가 나오지 않는다. 그러면 다시 실력이 원점으로 돌아가는 것 같아 상당한 좌절감이 온다. 그런데 또 웃긴 것은 어느 날 갑자기 뇌에 윤활유를 바른 듯 모든 말이 영어로 터져 나오며 모든 대화를 영어로 다 할 수 있을 것 같은 느낌이 온다. 당장 영어를 미친 듯이 공부하고 싶은 의욕이 솟구친다.

이런 과정이 반복될수록 나는 더 유심히 관찰했다. 왜냐면 항상 영어 뇌가 풀가동되었으면 좋겠다고 생각했기 때문이다. 하지만 한국에 살면서는 불가능했다. 한국어를 쓰고 있으니 말이다.

영어 뇌와 한국어 뇌는 다르다. 한국어 어순에 익숙해져 있는 뇌를 영어 뇌로 활성화시켜 돌리고 있는 시간은 하루에 몇 시간도 되지 않는다. 그렇게 생각하니 이 정도 영어가 나오는 것도 신기하고 감사한 것이었다.

영어가 뇌에서 익숙해질 때까지는 영어 뇌를 쓰는 시간을 극대화시켜야 한다. 왜냐하면 한국어와 영어를 왔다 갔다 하는 뇌의 에너지와 시간을 감축할 수 있으니 말이다. 초반 10개월 동안 나는 혼자 영어 공부를 하면서 매일 영어로 생각했다. 한국인과의 대화도 줄이고 한국어책도 되도록이면 읽지 않았다. 실컷 만들어 놓은 영어 뇌의 흐름을 깨뜨리는 것 같아서였다. 이쯤 되면 사람들은 슬슬 '안 되겠네. 한국에서 영어를 공부하는 건 불가능하겠어.'라고 생각할지도 모른다.

한국에서 영어공부를 할 것이라면 뇌를 컨버트^{Convert}(한국어와 영어를 변환)시키는 과정을 익숙하게 여겨야 하고 그렇게 만들어야 한다. 영어가 조금 익숙해진 뒤 그 과정을 계속 반복하는 뇌 훈련은 뇌 기능 자체를 극대화시킨다. 그래서 이중언어 구사자^{Bilingual}는 치매에 잘 걸리지 않는다고 한다. 머리까지 똑똑하게 만들어준다니! 다른 언어를 공부해야 하는 이유가 하나 더 생겼다. 확실히 나의 머리는 영어를 공부하기 전보다 뇌 훈련을 통해 더 빠릿빠릿해졌다.

그러나 상당 수준까지 실력이 오르기 전까지는 공부할 때 오는 절망감을 담담하게 받아들이기 힘들다. 잘했었던 모습은 까맣게 잊어버린 채 못하는 모습만을 극대화시킨다. 이런 시기에는 반드시 영어자신감 일기를 써야 한다. 매일 영어 실력이 어땠는지를 분석할 필요는 없다. 단 '영어 뇌가 폭주하는 날'에는 반드시 일기를 써야 한다. 이런 날은 주로 갑자기 온다. 꼭 그날의 기억을 머리에 새기면서 동시에 일기를 남겨라.

2016년 9월

요즘 영어가 영 늘지 않는 것 같다. 역시 해외에 가야 하는 걸까. 내가 하고 있는 노력으로는 부족한가? 어떤 방법을 더 써야 되는 걸까. 너무 힘들다.

그리고 1시간 뒤, 격하게 절망의 바닥을 치던 마음으로 영어 동영상을 보며 읽고 있는데 갑자기 영어에 대한 열정이 솟아오르며 온갖 말들이 머릿속에서 영어로 자동 번역되는 폭발적인 초 긍정 에너지가 나왔다.

이랬다저랬다 한 적이 한두 번은 아니지만, 내가 또 기죽어 있을 때 그 또한 한 과정이라는 것을 잊지 않기 위해 일기로 남겨둔다. 노력은 배신하지 않는다. 계속해라.

좀 이상한 사람 같지 않은가? 이 정도로 하루 사이에도 기복이 올 때도 있다고 생각하면 된다. 나 역시 한없이 나를 의심했고 한국에서는 안 되는 거냐며 포기하고 싶었던 적도 많았다. 그래서 자신의 작은 성공담, 그 순간의 차오르는 자신감을 기억하는 것이 매우 중요하다. 실력의 기복들을 이겨내는 시간을 반복하다보면 기복의 평균이 올라가 있음을 느낄 것이다.

버티는 힘이 매우 중요한 또 다른 이유가 있다. 나는 영어공부를 하면서 우리의 뇌가 얼마나 신통방통한지를 많이 느끼고 있다. 그중에서도 '모르는 것은 모르는 대로 두라. 그것을 알고자 하는 뇌의 스위치를 켰으니 기다리면 답이 온다.'는 것이다. 이게 무슨 무책임한 소리인가 싶겠지만 이것은 영어공부할 때 매우 중요한 원리이다.

한 예로 공부를 시작했을 당시 '~하기로 되어 있다, ~할 의무가 있다'라는 의미를 가지고 있는 'be supposed to'의 뉘앙스를 이해하지 못했다. 문장에 따라 조금씩 뉘앙스가 달라지기 때문이다.
일단 '정해진 일을 계획대로 해야 한다'는 느낌으로 생각하면서 다음 예문을 보자.

나는 어제 밤 파티를 가기로 했는데 못 갔다.
I was supposed to go to a party last night, but I could not.
이렇게 해야 하는 건데 누가 바꾼 거니?
It is supposed to be that way, who changed it?

느낌이 좀 오는가? 안 와도 괜찮다. 나도 초반에는 이 관용 표현이 정말 이해가 되지 않았고, 실제 나의 문장에 적용하는데 상당한 시간이 걸렸다. 다양한 매체를 보며 어떤 상황에서 그 말을 쓰는지 끊임없이 확인했고 데이터를 쌓아나갔다. 그러자 어느 순간 이 표현의 다양한 뉘앙스를 깨닫게 됐고 나의 생활에서도 적용할 수 있게 되었다.

우리 뇌는 궁금하다고 생각하고 이해하지 못한 부분을 자는 동안 램 수면 상태에서 처리한다. 그것을 뇌의 어느 한 부분에 모르는 것으로 두고 문제를 해결하기 위한 작동을 다음 날부터 시작한다. 그리고 다양한 상황에서 그 질문에 대한 데이터를 축적한다. 그런 과정을 거치기 때문에 다른 날 답을 보면 한번에 깨닫는 경우도 있고, 쌓인 데이터를 분석하여 답을 이해할 수 있게 만들기도 한다. 그러니 모르는 게 있다고 거기에 매달려 스스로를 지치게 하지 말고 뇌가 처리하게 내버려두라. 시간이 지나면 알게 될 것이다.

"나의 뇌는 지금 프로세싱^{Processing} 중이다."

영어를 공부하는 과정은 끊임없이 나를 시험하는 과정이다. 거기에서 오는 즐거움도 많았고 좌절도 많았다. 하지만 익숙해지면 즐거운 일이 더 많다. 그 과정을 통해 나의 정신은 강해지고 의식도 넓어졌다. 수많은 좌절이 있었기에 발전의 순간에서 오는 희열이 더 컸고 해냈다는 생각에 자존감도 올라갔다.

영어공부는 지치지 않고 꾸준히 해야 한다. 자신의 페이스를 잘 조절하면서 스스로를 많이 다독여주어야 한다. 남과 비교하지 말고 나의 어제와 오늘을 비교해서 더 나아졌음을 칭찬하라. 그러면 당신도 해낼 것이다.

08

나는 한국에서
영어를 마스터했다

"하루에 얼마만큼 영어에 노출되고 공부했는가?"

내가 3년간 하루도 빠짐없이 확인했던 사항이다. 지금은 습관화가
되어서인지, 아니면 어느 정도 수준 위로 올라와서인지는 모르겠지만
영어에 대한 어려움은 거의 없어졌다.

많은 사람들이 지금의 나를 보고 대충대충 해도 된다고 생각할까
봐, 지금의 모습이 저절로 된 것이 아니란 것을 알려주고 싶어서 영어
공부에 쏟은 3년간의 기억을 끄집어 내보려고 한다.

그때처럼 다시 공부하라고 하면 못할 것 같다. 당시에는 엄청난 열
정과 강한 동기가 더 컸기 때문에 힘든지 모르고 했다. 하루도 빠짐없
이 평균적으로 3시간은 공부한 것 같다. '예상했던 것보다 적네? 그

정도면 할 수 있을 것 같은데?'라고 생각할 수도 있겠지만 3년간 꾸준히 3시간을 한다는 것은 쉬운 것만은 아니다.

제대로 된 영어공부를 시작한 초반 3개월

영어공부를 막 시작했을 때는 실용적인 이론공부를 폭발적으로 했다. 하루에 8시간 정도 책상 앞에서 하는 공부와 더불어 거의 24시간을 영어만 생각하며 살았던 것 같다. 하루 종일 중얼거리며 사전을 손에 달고 다녔고, 동시에 어떻게 외국인 친구를 만들지에 대해 생각했다. 자고 있어도 머릿속에서는 영어공부를 지속하고 있었다. 그만 쉬고 싶어도 그게 안 됐다. 초반 3달 정도는 너무 머리를 많이 써서 이마가 뜨거워 질만큼 폭발적으로 몰두했다.

처음 외국인 친구와 연락할 때는 문자를 하는 것도 긴장되었다. 무슨 말을 해야 하나 머릿속에 정리가 되지 않아 꽤 애를 먹었다. 그 당시에는 지금처럼 번역 어플리케이션도 없었기 때문에 외국인 친구가 말하는 문장을 이해하는데 눈에 불을 켰고, 다시 내가 어떤 대답을 해야 하는지에 대해도 빠른 시간 안에 생각해내야 했다. 그래서인지 금세 뇌가 피곤해지는 느낌이 들었다. 사람들은 공부를 충분히 한 후 외국인을 만나려고 하겠지만 나에게는 그럴 여유가 없었다. 무조건 부딪쳐야 한다는 생각이 강했다. 그 과정이 무서울 수도 있지만 동시에 그렇게 했기 때문에 영어에 더 몰두할 수 있었다. 그렇게 3달을 무섭게 달리고 나니 영어 뇌가 1차적인 자리를 잡기 시작했고 입이 트였으며 스스로 기본적인 문장을 이해하고 답하는 게 가능해졌다.

영어공부 4개월~1년

입이 트이고 나서는 영어공부가 훨씬 수월해졌다. 그리고 외국인과 실제로 만나기 시작했다. 모든 말을 다 이해하진 못했지만 손짓과 발짓을 이용하고 다시 천천히 이야기해달라고 부탁하며 끊기 있게 대화를 지속했다. 집에 가면 몰랐던 단어와 표현들을 다시 한 번 되짚어가며 나의 어휘와 표현력의 범위를 확장시켜 갔다. 더불어 이론공부를 지속했다. 오늘은 어떤 대화를 할 것인지 미리 생각해보며 기본적인 표현과 어휘를 익혀서 친구를 만났다.

그러나 너무 당연시하게 외국인 친구에게 선생님이 되어달라고 하면 거부감을 느낀다는 점을 기억하자. 만약 선생님이 되어주길 원한다면 당연히 가치를 지불해야 한다. 그렇지 않으면 사이가 불편해질 수가 있다.

1년 정도는 외국인 친구와 1시간 이상 이야기를 하면 뇌가 금방 피곤해져서 답답함에 짜증스러울 수도 있다. 마인드 컨트롤을 잘하자. 초반 1시간은 머릿속에서 생각도 하며 문장형식을 나름 만들어서 이야기하려고 노력하자. 이후 피곤해지면 문장형식 등은 신경 쓰지 말고 다시 원시인처럼 단어나 동사를 마구 던지면서 즐기면 된다. 여기에 너무 매여 스트레스를 받지 않도록 하는 것이 중요하다.

영어공부 2년 차

2년이 끝날 쯤에는 사실 한국에서 영어 좀 한다는 수준까지 거의 다 올라갔다. 그런데 문제는 기복이 있었다. 기복이 조금 심해서 마음고생을 하기도 했다. 모터를 단 것처럼 영어가 잘 나오는 날이 있는 반면, 어느 날은 초보로 돌아간 듯이 쉬운 문장조차 나오지 않을 때가 있어 좌절했다. 1년 반 정도가 지나자 초반의 열기가 조금 가라앉기도 했고, 어느 정도는 한다는 생각도 들면서 마음이 1년 차와 같지 않았다. 기복이 큰 날이면 이렇게까지 열심히 공부했는데 왜 다시 제자리 걸음을 하는가 싶어 답답함과 좌절감을 견디지 못해 우는 날이 많았다. 그때 인내하지 않았더라면 '영어공부는 역시 한국에서 안 되나 보다. 다 소용없다.'라고 생각하며 포기해버렸을지도 모른다.

그때 나는 영어 자신감 일기를 쓰며 견뎠다. 내가 영어를 엄청 잘했던 날의 기분을 기록으로 남겼다. 그리고 못하는 날엔 그 일기를 보며 견디고 공부를 지속했다. 그 당시에 왜 영어에 기복이 그렇게 큰지 불안해했다. 한국어로 된 책도 몇 개월간 읽지 않았고 한국어를 계속 써서 영어 뇌로 돌아가는 시간이 오래 걸리나 등, 별 생각을 다 하며 한국인 친구도 만나지 않았다. 한국에서 영어공부를 했기에 작은 기복도 크게 다가 왔으며 그 이유를 알지 못해 매일 분석하고 작은 변화에도 집중했다. 물론 그 당시에는 영어가 안정화되지 않아서 한국어를 쓰면 다시 후퇴하는 기분이 드는 것도 당연했다. 어쩌면 그것이 실제 방해 요인이 되었을지도 모른다. 지금 돌아보면 2년 차는 인내의 시간이었다. 나의 뇌에 영어를 안정화시키는 시간은 불안하고도 위태로웠다. 그러나 견디면 되는 시간이었다.

영어공부 3년 차

점점 기복이 줄어들면서 한국어를 쓰다가 곧바로 영어를 써도 버퍼링이 걸리는 시간이 줄어들었다. 기복이 줄어들면서 불안감도 줄어들었고 스트레스도 별로 받지 않게 되었다. 영어공부를 하는 시간도 하루에 1~2시간 정도였고, 나머지는 영화를 보거나 드라마를 보면서 자연스럽게 영어에 나를 노출시켜놓으며 하나씩 주워 먹는 공부를 했다. 주의해야 될 점은 초반에는 이런 노는 방식의 공부가 큰 도움이 되지 않는다는 점이다. 안 들리기 때문이다. 아는 어휘의 범위가 좁기 때문에 영어에 친숙해지고 감탄사 정도의 표현력을 배우는데 그친다. 하지만 3년 차 정도의 수준이 되었을 때는 어휘의 범주가 넓고 그 단어를 매일 다 쓸 수는 없기 때문에 드라마나 영화는 알고 있는 것을 상기시켜주는 역할을 한다. 그리고 새로운 단어나 관용구가 들리면서 상황에 맞는 영어식 표현을 익히는데 도움이 된다.

공부라고 느껴지지 않을 정도의 부담 없는 영어 습관화가 완벽하게 이루어지는 시기이다. 예전에는 외국인 친구를 만나면 정신을 바짝 차려야 하고 완벽하게 즐거울 수만은 없었지만 이제는 외국인 친구를 만나도 한국인 친구를 만나듯이 즐겁다.

한국에서 영어를 마스터하는 과정이 그저 쉽지만은 않았지만 전반적으로는 영어공부를 하는 시간들이 즐겁고 행복했다. 나는 지금도 내가 완벽하다고 생각하지 않는다. 그래서 앞으로도 계속 영어를 즐겁게 공부하고 사용할 것이다. 이제 나는 영어의 메이저리그에 입성

했다. 타고난 실력자는 없고, 노력하지 않는 전문가는 없다. 나도 마찬가지이다. 언어는 계속 쓰지 않으면 후퇴할 수밖에 없다. 앞으로도 영어는 나와 늘 함께할 것이다.

　내가 영어를 이만큼 잘할 수 있다면 누구든 가능하다. 시간이 지날수록 영어를 공부할 수 있는 인프라도 훨씬 창의적이고 효과적으로 발전하고 있으며, 한국에서 만날 수 있는 외국인 수도 부쩍 늘어 영어를 공부할 수 있는 환경은 점점 좋아지고 있다. 이제 당신의 마음먹기에 달렸다. 백만 가지 생각과 거창한 계획보다 지금 바로 취할 수 있는 작동 행동 하나를 시작하라.

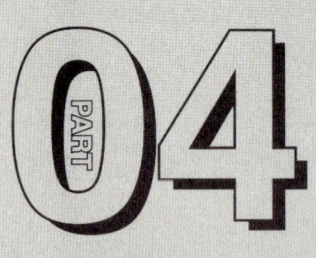

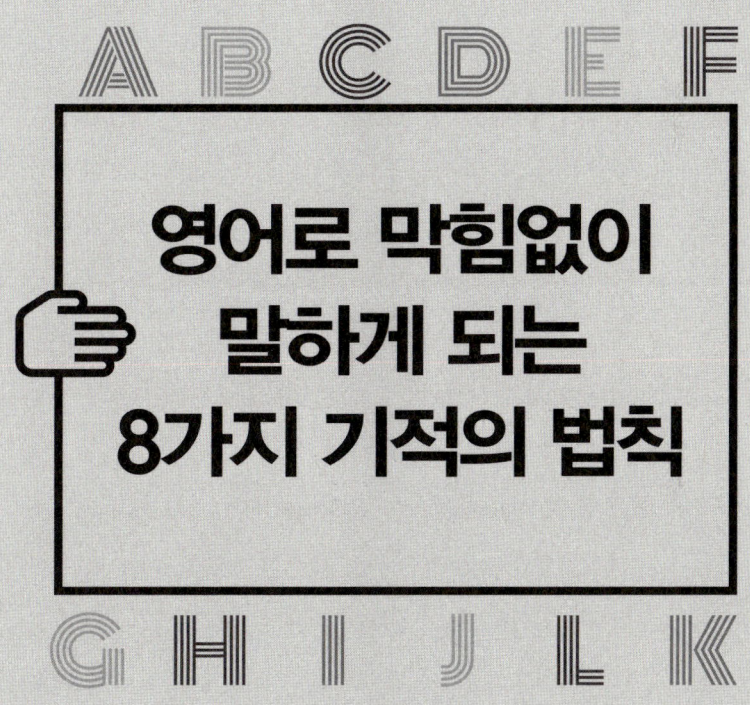

영어로 막힘없이
말하게 되는
8가지 기적의 법칙

01

한국에서 미국 찾기

나는 아직도 그날을 매우 생생하게 기억한다. 한 번도 가본 적 없는 미국을 한국에서 경험한 강렬했던 순간을. 나는 그 당시 분당에 올라와 영어학원 아르바이트를 했다. 어느 정도 영어입이 트였다고 생각하고 자신감이 스멀스멀 올라올 때였다. 지금 돌아보면 간신히 영어 대화를 이어나갈 정도의 실력이었다. 그러나 어떻게 해서든지 영어를 접하고 외국인을 만날 수 있는 곳이면 머리를 굴려서 부딪치던 아주 당돌한 시기였다.

"어학원! 무조건 외국인이 있는 어학원에서 아르바이트를 할 것이다!"

당시에는 아르바이트마저도 영어와 관련시킬 정도로 일상의 모든 것을 영어와 연결시켜 생각하고 행동했다.

나는 랩실에서 아이들 영어공부 관리와 간단한 패턴 문법 수업을 일주일에 5시간 정도 맡아서 했다. 이 아르바이트가 너무 좋았던 점은 매시간마다 외국인과 대화를 할 수 있었던 점이다. 외국인 선생님들은 학생들이 읽은 책에 대해 토론을 간단하게 하고 질문을 던지며 아이가 얼마나 이해했는지 체크하고 말하기를 유도했다. 나는 그것을 중재하며 아이들이 못 알아들은 내용을 통역도 하고 외국인 선생님들과 중간중간 농담도 하면서 너무 재미있게 일했다. 매일 그들에게 물어보고 싶은 것들을 미리미리 공부해서 갔다. '영어공부가 이렇게 즐거운 것이었다니!!' 나는 매일 그들과 일하며 소박하게 준비한 모든 내용을 이야기하고 집에 돌아와서는 대화 내용을 다시 되새기며 모르는 내용을 보충했다.

어느 금요일이었다. 여느 날과 같이 아이들하고 즐겁게 영어공부를 하고 있는데 외국인 선생님 중 1명이 랩실에 들어와서 내게 물었다.

"Do you have any plans for tonight?"
오늘밤에 약속 있니?
"Nope, I don't."
아니 없는데.

"Then, would you like to go to a party which throws in the bar?"

그럼 오늘 바에서 파티 있는데 갈래?

"Party?? Ok~. Let me know the place and time."

파티? 그래. 장소랑 시간 알려줘.

"I will message you later."

나중에 연락할게.

얼떨결에 초대를 받고 응해버렸다. 일이 끝나고 외국인 선생님이 알려준 장소로 갔다. 뭔가 울렁거렸다. 그동안 많은 외국인과 이야기 해본 경험이 있었지만 이 느낌은 뭔가 달랐다. 설레이면서도 무서웠던 것 같다. 파티 장소에 도착한 나는 가게 문 안을 살짝 들여다보았다.

'Oh, my goodness....'

맙소사….

그곳에서는 내가 영화나 드라마에서나 보았던 장면들이 펼쳐지고 있었다. 외국인들로 가득 찬 바에는 각자 맥주를 멋스럽게 1병씩 잡고 자유롭게 서서 이야기하는 사람, 포켓볼과 다트게임을 하는 사람들로 북적였다. 또 중앙 무대에서는 기타를 치며 여러 외국인들이 앉아 팝송을 부르면서 흥을 돋우고 있었다.

나는 그곳에서 도망쳐 구석에 잠시 서 있었다. '뭐지. 나 들어가도 되나. 한국인이 1명도 없는데. 어떡하지 외국인 선생님한테 곧 도착한다고 했는데….' 잠시 핑계를 대고 도망가 버릴까 하다가 일단 옆에 있는 화장실로 들어갔다. 화장실 거울 속에 비친 나를 바라보며 스스로에게 말을 걸었다.

'여기까지 왔는데 그냥 가면 후회할거야. 가자! 들어가보자! 놀아보자! 나는 할 수 있다. 할 수 있다. 할 수 있다!!!'

당찬 발걸음으로 바 안에 입성했다. 밖에서 들었던 시끌시끌한 소리들이 더 커지면서 나는 한국 안에서 미국을 발견했다. 완전 미국에 와 있는 느낌이었다. 영어로 이야기하는 소리, 팝송 배경음악, 햄버거와 프렌치프라이의 냄새까지! 미국에 왔다고 착각할 만큼의 분위기 속에서 누가 나를 부르는 소리가 들렸다.

"Sun young!! What are you doing here?"
선영! 여기 무슨 일이야?

나를 부른 사람은 나를 초대한 선생님이 아니라 다른 외국인 선생님이었다. 나에게 자리를 내주며 다른 외국인 친구들에게 나를 소개해주었다. 나는 내가 외국인이 된 것 같은 기분이 들었다. 많은 사람들이 호기심 있게 나에게 관심을 가져주었고, 그들과 이야기하며 술도 마시고 게임도 하고 파티에서 열리는 이벤트 퀴즈도 참여하며 어색했지만 최선을 다해 신나게 놀았다.

　나는 그 꿈같았던 밤을 아직도 생생하게 기억한다. 그날 이후로 학
원의 모든 외국인 선생님들은 나를 다른 한국인과 다르게 외국인들과
즐겁게 놀 수 있는 한국인으로 생각하고 마음을 열었다. 일하는 동료
가 아닌 친구가 되었다. 그렇게 일하는 날 외에도 밖에서 만나는 즐거
운 데이트가 시작되었다.

　나는 내가 잡을 수 있는 모든 기회를 한국에서 잡았다. 내가 외국
인과 만날 수 있는 곳을 찾지 않았다면, 랩실 안에서 매일 대화거리를
준비해 시도하지 않았다면, 외국인 친구의 초대에 응하지 않았다면,
바 안으로 들어가는 것이 무서워서 도망쳤다면 지금의 나는 없었다.

　외국인과 만나는 것이 불편하고 부끄러워서 시도하지 않거나 피
하면 일정 수준의 영어에서 그치고 만다. 공부에 대한 목적의식도 없
고 끊임없는 동기 부여도 안 되기 때문이다. 나는 영어를 못해도 밝
은 웃음과 적극적인 자세로 만남을 지속하려 했다. 처음이 힘들뿐 나
중에는 정말 이렇게 즐겁게 영어공부를 해도 되나 싶을 정도로 행복
했다. 더불어 한국이기 때문에 모든 것이 낯설고 문화도 다른 해외에
서 공부하는 것보다 더 쉽고 효율적으로 공부할 수 있지 않았나 싶다.

02

**영어를
소리로 기억하라**

"영어를 소리로 기억하라." 이 문장이 무엇을 말하는지 이해가 되는가? 그렇다면 앞으로 당신의 영어 습득 속도는 매우 빠를 것이다. 이해가 되지 않는다면 이제 정확하게 알고 공부하면 된다.

《영어 보컬 트레이닝》의 저자 이기원은 한국어와 영어의 주파수는 매우 상이하여 한국어는 150~2000대, 영어는 1500~5000대의 주파수에 속한다고 한다. 그 이유는 한국어와 영어는 말의 소리를 내는 방법이 다르기 때문이라고 한다. 한국어는 말 자체에 공기가 많이 필요하지 않아 목 근처에 힘을 주고 가볍게 얕은 소리를 낸다. 반면 영어는 공기가 많이 필요한 언어이므로 심호흡을 하고 배에서 힘 있게 소리를 뿜어야 제대로 소리가 난다고 한다.

영어 소리에는 3가지 요소가 있는데 발음, 리듬, 호흡에 의한 소리의 근원인 뱃소리가 있다고 한다. 이 3가지에 의한 영어소리를 제대로 익히면 영어 실력이 빠르게 상승한다고 한다.

이것이 우리가 영어를 들을 때 물 흐르듯이 들리고 정확한 말을 알아들을 수 없는 이유이다. 정확한 소리를 듣고, 정확한 소리를 따라하지 못하기 때문에 한국어와 다른 주파수 영역이라고 할 수 있으며, 그렇기 때문에 영어가 전혀 들리지 않는 것이기도 하다.

많은 한국인들이 하고 있는 오해가 있다.

"저는 영어 듣기는 되는데 말하기가 안돼요."

이것은 잘못된 생각이다. 영어 듣기가 된다는 말은 정확하게 하나를 더 포함하고 있기 때문이다. 영어를 듣고 문장을 그대로 이해하는 것에 그치지 않고 그 소리를 정확하게 따라 내는 것까지 해야 정확한 영어 듣기가 된다고 할 수 있다. 대충 들리는 몇 개의 단어와 동사를 가지고 의미를 예상해서 이해하고는 영어 듣기가 잘 된다고 말할 수는 없는 것이다.

나의 영어공부 방법의 기본은 아주 단순했다. 정확한 소리를 듣고 말해서 소리로 단어나 문장을 익히고 뜻을 공부해 나갔다. 나는 외국인 친구와 자주 통화를 했었다. 외국인 친구랑 스피커폰으로 이야기를 하면서 동시에 휴대전화 화면에 사전을 띄워 놓는다. 전화 내용이 밖으로 들리는 것이 싫은 사람은 이어폰으로 통화하면서 사전을 띄워 놓아도 된다. 어쨌든 외국인 친구와 통화를 하면서 그 소리 그대로 모르는 내용을 사전에서 찾을 수 있으면 된다. 철자를 소리 나는 대로 쓰기가 힘들다면 최대한 비슷한 철자를 써서 찾으면 비슷한 소리의 단어들이 사전에서 후보로 나온다. 그러면 통화 내용 문맥상 맞는 뜻을 그중에서 알아보면 된다. 만약 그 단어의 뜻을 찾지 못했을 경우에는 외국인 친구가 말한 소리를 뇌의 끈을 놓지 않는다는 느낌으로 기억해라. 옆에 쓸 수 있는 노트를 놔두거나 휴대전화에 있는 노트 기능에 그 소리를 대략적으로 한국어로 써놓는다. 소리 그대로 적는다면 이상한 한국어로 쓰여질 수도 있다. 예를 들면 'Anxiety(불안)'라는 단어는 초보자라면 도저히 철자를 올바르게 쓸 수가 없다. 나는 그 소리를 듣고 기억한 후 'ㅔ은자이어티'라는 이상한 한국어로 소리를 반드시 기억하게끔 최대한 표현했다. 그리고 통화가 끝나면 사전 음성 인식 기능을 켜서 'ㅔ은자이어티'라는 소리를 정확하게 표현하려고 했다. 그렇게 이 단어의 뜻을 찾을 수 있었다. 소리로 먼저 기억하고 그 뜻을 찾아 외워라.

보통 한국인들의 공부 방법은 눈으로 먼저 보고 뜻을 외운다. 그렇게 하면 완벽하게 내 것이 될까? 아니다. 그렇다면 안다고 생각했던 단어가 다 잘 들릴까? 앞에서 말했듯이 단어를 안다고 해서 다 들리는 것은 아니다.

만약에 Anxiety라는 단어를 소리에서 배운 것이 아니라 '보고' 외웠으면 당신의 머릿속은 어떻게 소리를 기억할까? 파닉스의 음가를 대충 생각해보면 '언엑씨어티'가 될 것 같지 않은가? 그 불안이라는 단어는 여전히 불안하게 당신의 머릿속에 있고 들릴 수도, 제대로 말할 수도 없다. 그렇다면 그 단어는 엄밀히 말해 아는 단어가 아니다.

외국인 친구와의 대화를 통해 공부하는 방법과 함께 병행한 또 다른 방법이 있다. 우리 주위에는 매우 좋은 인프라가 널려 있다. 스마트폰과 인터넷, 텔레비전만 있다면 영화, 드라마, 뉴스, 라디오 등 영어 듣기를 할 수 있는 다양한 곳을 찾을 수 있다. 이 매체들을 이용하여 같은 원리로 공부하면 된다. 하지만 나는 일단 모든 감각이 소리에 집중할 수 있는 오디오 소리의 매체로 공부를 했으면 한다. 비디오로 보면 상황을 더 잘 이해하지 않을까 생각할 수도 있다. 그렇지만 안 그래도 정확한 소리를 듣기에도 모든 신경이 부족한데 시각이라는 분산요소가 생기기 때문에 초반에는 오디오를 더 추천한다.

어떤 매체를 통해서든 오디오의 조건은 다음과 같았으면 한다.

첫째, 짧은 문장을 끊어서 들을 수 있는 오디오.
둘째, 소리를 먼저 듣고 영어 스크립트를 보며 따라 할 수 있는 매체.
셋째, 영어의 해석이 문제가 되기보다는 강약(악센트), 호흡, 발음, 리듬 등을 쉽게 따라하며 흉내 낼 수 있는 매체.

먼저 짧은 문장의 소리를 듣는다. 느낌을 기억하고 꼭 끊어서 한 문장을 완벽하게 원어민의 소리로 따라하라. 감정을 넣어서 문장의 강약, 호흡, 발음, 리듬을 생각하며 따라하라. 내가 글로 굳이 복잡하게 설명해서 그렇지 너무 복잡하게 분석하지 않아도 흉내 내기를 잘하면 최고다. 최대한 앵무새처럼 완벽한 따라쟁이가 되려고 노력해라.

이 패턴을 반복하면 뇌에 정확한 소리 인식과 그것을 정확한 말로 표현하는 연습을 할 수 있다. 이 연습은 뇌의 전두엽 근육을 운동시키게 되고 이 근육이 단련될수록 말하기의 기본이 단단하게 쌓이게 된다. 여기서 쉬운 문장을 스스로 만들어보는 연습도 같이 한다면 이론과 실전이 병행하는 최상의 영어공부 비율이 된다.

나는 적게 하든 많이 하든 공부한 양만큼 최선을 다해서 실전에서 쓰려고 했다. 이론과 실전의 50대 50. 이 황금 비율은 그 어떤 방법보다도 당신의 뇌에 효과적으로 남을 것이다. 시간을 들여 이 방법을 반복하면 당신의 말하기 실력은 일취월장하게 될 것이다.

처음부터 이 모든 원리를 깨닫고 공부한 것은 아니었다. 나는 주먹구구식으로 하나하나 시행과 착오를 겪으며 방법을 찾았고, 나중에 경험을 되짚어보니 이런 원리였던 것이다. 이 방법대로 공부한다면 훨씬 빠르게 유학을 가지 않고도 원어민처럼 말할 수 있을 것이다.

처음에는 외국인과 이야기를 하는 것도 부담스럽고 긴장되는데, 소리를 기억하고 단어를 찾는 것까지 하는 것이 상당히 힘이 들었다. 1년 정도는 외국인과 이야기를 하고 나면 머리가 아프고 뇌가 빨리 피곤해졌던 것 같다. 27년간 한국어 뇌로 살아오다가 갑자기 영어 뇌로 바꾸는 작업이 왜 힘들지 않았겠는가. 하지만 나의 영어 말하기가 성장했다는 느낌이 한번씩 올 때마다 짜릿한 희열을 느꼈다. 어느 순간 드라마를 보며 자막을 보지 않아도 소리가 조금씩 들리는 경험을 한다면 당신도 심장이 쿵쾅거리면서 그동안의 고생을 떠올리기보다는 더 잘하고 싶다는 마음으로 가득찰 것이다.

너무 어렵게 생각하지 말자. 작은 습관부터 소리로 배우는 영어를 실천한다면 영어는 더 빨리 들릴 것이며 말할 수 있을 것이다. 그렇게 영어공부를 하면 할수록 영어 뇌가 활성화되어 초인적인 힘을 발휘하는 나 자신을 보게 될 것이다.

03

듣고 말하기부터
시작하라

사람들은 영어로 유창하게 말하고 싶어 한다. 나 역시 초반에는 '버스 안에서 외국인 친구와 유창하게 대화하는 나'를 떠올리는 것이 행복했다. 왜 버스 안이었는지는 모르겠지만 그렇게 늘 구체적으로 그림을 그려왔다. 나는 이제 그 꿈을 이루었다. 버스 안에서, 카페 안에서, 지하철 안에서 어디서든지 자유롭게 나의 의사를 영어로 표현할 수 있다.

나는 읽기, 쓰기를 먼저 공부하지 않았다. 나중에 했다. 한꺼번에 다 같이 하면 좋겠지만 듣고 말하는 것도 벅차서 읽기, 쓰기 위주의 공부는 메인이 아니었다. 그러나 한국인들은 듣고, 읽고, 쓰는 공부를 위주로 한다. 말하기를 가장하고 싶어 하면서 말하기 연습은 조금도 하지 않는다.

《영어공부, 성격대로 해라》의 저자 최영임은 뇌의 측두엽의 베르니케 영역은 지식으로써의 영어를 저장하는 곳이고 전두엽의 브로카 영역은 영어 말하기, 즉 언어를 구사하는 뇌의 영역이라고 하였다. 따라서 영어 말하기를 열심히 연습한다면 전두엽의 브로카 영역이 발달한다. 이는 운동을 통해 근육을 만들어나가는 과정과 유사하다고 한다. 매일 열심히 운동을 하면 근육이 붙듯이, 말하기 훈련을 하면 브로카 영역이 발달한다. 이때 입술과 혀의 근육 등을 사용하고 귀로 듣고 이해해야 하기 때문에 뇌의 다양한 부분도 발달하게 된다고 한다.

이제껏 우리는 단어와 숙어를 외우고 문법을 공부하면서 아웃풋(출력) 없이 죽어라 인풋(입력)만을 하며 시간과 에너지를 낭비하고는 영어가 늘지 않는다며 슬퍼했다. 우리가 했던 공부는 지식으로써의 영어, 즉 측두엽에 저장만 해놓은 것이다. 전두엽의 근육훈련을 통해 측두엽의 지식을 썼어야 했다. 그러면 그 기억은 뇌가 중요한 정보라고 인식하여 단기기억에서 장기기억으로 전환되어 오랫동안 저장되었을 것이다.

오랜 시간 동안 영어공부를 했음에도 영어 말하기가 되지 않는 이유를 알았다. 이때까지는 스스로의 뇌를 탓했겠지만, 오히려 당신의 뇌는 너무 똑똑해서 쓰지 않는 정보를 기억 안창 어디 깊숙이 정리했거나 필요 없다고 생각해서 정리했을 뿐이다.

이제 꺼내 쓰는 연습을 하자. 그러기 위해서는 먼저 원어민의 소리를 정확히 연습해서 정확한 소리로 측두엽에 저장을 해야 말하기로 쉽게 활성화시킬 수가 있다. 정확한 소리로 공부한 영어를 정확한 소리로 따라 말해서 저장하고 쉬운 문장을 만들어가며 활성화시킨다. 내 영어공부는 그 단순한 과정을 반복해서 발전한 것이다.

입이 좀 트일 때까지는 혼자 말하기 연습을 하거나 한국인과 말하기 연습을 하면 좋다. 한국인이지만 이중 언어구사자라면 더할 나위 없이 좋겠다. 한국어와 영어를 동시에 알고 있기 때문에 한국인에게 맞는 올바른 피드백을 줄 수 있다. 그리고 말하기를 하면서 받은 피드백은 가장 강력하게 기억에 남는다.

나는 혼자 하고 싶은 말을 영어로 말하면서 중얼거리고 막히면 사전을 찾아서 그 단어로 만든 문장을 보며 뉘앙스를 익혔다. 말을 바로 하기란 너무 어렵다. 그런 사람들은 외국인과 문자메시지를 주고받는 것도 괜찮다. 천천히 생각하면서 문장을 만들 수 있고 그러면서 모르는 어휘를 늘려나갈 수 있다. 나도 초반에 외국인과 연락할 수 있는 어플리케이션을 받아서 문자메시지를 주고받으며 문장 만들기 연습을 많이 했다. 요즘은 SNS를 통해서도 외국인과 이야기할 수도 있다. 단, 가끔 이상한 사람이 있으니 인증된 온라인에서 주의하며 이야기하길 바란다.

한국에서 외국인 친구들을 더 자주 만나기 시작했을 때 일이었다. 우연히 화장실에서 외국인들이 영어로 대화하는 소리를 듣다가 충격을 받았다. 영어로 빠르게 대화를 하는데 너무 빠르고 연음이 많아 소리가 뭉뚱그려져 무슨 말인지 하나도 알아듣지 못했기 때문이다. 나의 외국인 친구들과는 의사소통이 되는데 외국인들끼리 하는 대화 내용은 전혀 알아듣지 못하다니. 다시 영어를 못하던 원점으로 돌아간 듯해서 황당했다. 알고 보니 나의 외국인 친구들은 나를 위해 배려를 했던 것이었다. 천천히 명확하게 이야기를 해줘서 내가 잘 알아들었던 것이다.

그 이후로 나는 원어민의 소리 그대로 영어를 공부하는 것의 중요함을 크게 깨달았다. 물론 처음부터 빠른 소리를 다 캐치하기는 힘들다. 하지만 쉬운 문장부터 계속 반복해서 듣고 똑같이 따라하려고 하면 된다. 반드시 실제 속도의 소리로 연습을 해서 그 속도로 말했을 때의 리듬감, 호흡, 악센트, 연음을 파악하는 것이 중요하다. 그렇지 않으면 한국인들 사이에서 영어로 의사소통은 되는데 외국인과는 되지 않는 이상한 상황이 일어날 수도 있다.

영어의 시작은 듣고 말하기여야 한다. 그래야 영어 실력이 쑥쑥 자라는 것이 보이기 때문에 영어공부를 지속하는 힘이 생긴다. 실제로 스스로 문장을 말할 수 있는 능력이 커지면 커질수록 신기한 경험을 많이 하게 된다.

영어를 잘하는 사람들은 머리에서 한국어 변역 없이 입으로 바로 영어가 튀어나온다고 한다. 나는 처음 그 말을 들었을 때 이해할 수 없었다. 근데 공부를 하다 보니 진짜 그 경험을 하게 된다. 말하기 연습을 많이 하면 전두엽의 운동피질이 근육에 새겨져 본능적으로 튀어

나오기 때문이다. 예전에는 기를 쓰고 정신을 바짝 차려야 영어로 말할 수 있었는데 이제는 다른 생각을 하면서도 영어로 대답을 하고 이야기를 한다. 마치 우리가 흥미 없는 이야기를 들을 때 머릿속은 다른 생각을 하지만 상대방의 대화에 의미 없이 맞장구를 칠 수 있는 것처럼 말이다.

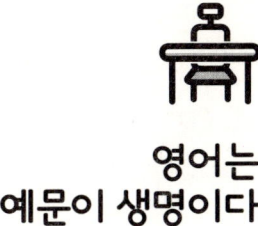

04

영어는
예문이 생명이다

영어를 공부할 때 예문을 만들어본 적이 있는가? 그 중요성을 알고 꾸준히 만들며 공부한 사람은 영어 마스터의 길을 걷고 있는 사람이다. 영어 예문은 우리가 얼마나 이해했는지를 정확하게 보여주는 방법이다.

단어를 외울 때 예문을 만들면 그 단어가 어떤 상황에서 쓰이는지 또는 문장 안에서 동사, 형용사, 목적어 중 어느 위치에 들어가서 쓰이는지를 이해하게 된다. 어떤 단어의 뜻은 알지만 정확한 뉘앙스를 알고 싶다면 예문을 보는 것이 가장 좋은 방법이다. 직접 예문을 만들어보기까지 한다면 그 단어는 정확하게 말하기에 쓸 수 있는 단어가 된다. 많은 사람들이 수많은 단어를 외우지만 말할 수 없는 이유는 그 단어를 어떤 상황에서 어떤 식으로 말해야하는지 모르기 때문이다.

어학원에서 아이들을 가르칠 때의 일이다. 초등학교 저학년 학생들은 아직 문법을 이론으로 배우지 않는다. 이 아이들은 문법을 이론적으로 설명해도 알아듣지 못하는 나이이고 문법적인 이론수업을 해서도 안 된다. 영어가 재미없다는 인상을 남기면 이 나이 때의 영어 공부는 실패한 것이나 마찬가지이기 때문이다. 그래서 초등학교 3학년, 4학년까지는 이론적인 문법수업을 하지 않는다. 그래서 이런 아이들에게 문장의 주어 · 동사 · 목적어 개념을 어떻게 알려줘야 하는지 늘 고민했다. 문법지식이 없어서 아이들은 심지어 형용사 · 명사 · 동사도 구분을 못하였다. 그래서 그들에게 어순을 예문으로 설명해주고 새로운 단어가 나오면 꼭 문장으로 만들어서 문장 속에 그 단어가 어떻게 쓰이는지를 보여준다. 그러면 아이들이 더 쉽게 이해하고 그 자체로 기억을 해서 문법적인 지식 없이도 문장을 만들어내는 것을 보았다. 단어들이 문장에서 어떻게 쓰이는지 데이터를 쌓아가면서 그 자체로 아웃풋을 한다. 아이들은 문법적으로 형용사가 무엇인지 명사가 무엇인지 설명할 수는 없지만 뜻의 감을 알고 있기 때문에 자연스럽게 영어로 말하게 되는 것이다. 학년이 높아지면서 문법을 배우면 이해도 빨리 한다. 그때는 영어 말하기를 먼저 접했으므로 영어를 문법적 지식 없이도 더 자유롭게 이야기하고 표현하지만, 입시 영어로 들어가면서 아이들의 말하기 실력은 이론적인 공부에 의해 떨어지는 것이다.

이것이 영어를 공부하는 순서이다. 우리는 한국어를 어렸을 때 그저 따라하고 여러 문장을 접하며 데이터가 축적되면서 문법을 설명할 수는 없지만 그냥 그렇게 말하는 게 맞다는 것을 느낌으로 안다.

아이들처럼 어른도 예문에 많이 노출되고 사용하다 보면 이론적인 설명이 없어도 그 자체로 쉽게 이해할 수 있게 된다. 예를 들어 숙제라는 뜻의 'Homework'라는 단어를 보았을 때 '숙제를 하다'라는 문장을 어떻게 만들지 바로 생각이 나는가? 예문을 보면 "When I do homework, I can learn something new."라고 되어 있다. Homework가 숙제를 하다라고 말할 때는 어떤 동사를 써서 말하게 되는지, 셀 수 있는 명사인지 아닌지, 문장에서 어느 위치에 주로 오는지 등 단어의 뜻뿐만 아니라 그 단어를 쓰는 문장의 감을 늘려 나갈 수 가 있다.

우리가 '프로그램'이라는 명사라고 생각하는 'Program'이라는 단어를 한번 살펴보자. 사전을 보면 이 단어는 명사로 많이 쓰이지만 동사로도 쓰인다는 것을 알 수 있다. 이것은 반드시 예문을 만들어보고 넘어가야 정확하게 이해할 수 있다. 명사로 쓰일 때는 계획, 예정, 프로그램 그 자체로 말하기도 한다.

I have a nice program to use.
나에게는 사용할 좋은 프로그램이 있어

동사로 쓰일 때는 '프로그램을 짜다'로 사용된다. 이 프로그램이라는 단어는 주어 뒤의 자리에 오게 하면 된다.

I programed my computer in this morning.

나는 오늘 아침에 내 컴퓨터를 프로그래밍했다.

이렇게 짧고 쉬운 문장을 만들면 그 단어가 명사나 동사로 쓰일 때 어떤 식으로 문장 안에 오는지 보기만 해도 쉽게 이해할 수 있게 된다. 이런 식으로 감을 잡아서 단어를 외우는 것은 매우 큰 도움이 된다.

숙어를 외울 경우도 비슷하다. '따라잡다'라는 뜻의 'Catch up with'는 예문을 보거나 써보지 않으면 사용하기가 힘들고 정확한 문맥을 알 수가 없다. 외국인이 "I caught up with my friends."라고 한다면 '친구들을 따라 잡았다'는 직역과 동시에 '친구들과 그동안 밀렸던 이야기를 하며 시간을 보냈다'라는 의역을 예문을 통해 알 수가 있다. 그러면서 이 숙어는 동사로 이 문장 속에 배치되었고 With 다음에는 Friends 나 따라잡는 대상 즉 '명사'가 온다는 것을 감으로 자연스럽게 이해하게 된다.

I catch up with my friends.

친구들과 밀렸던 소식을 주고받다.

I catch up with the news.

새로운 뉴스를 알게 되다.

I catch up with the school schedule.

학교 스케줄을 따라잡다.

이렇게 예문을 보는 것이 설명보다 훨씬 빠르게 감을 잡고 이해할 수 있다. 영어의 생명은 예문이다. 많은 이론적인 설명 없이도 예문의 데이터를 쌓아가면서, 또 그 예문을 실제로 만들며 사용하면 말하기 실력이 상승하고 영어를 그 자체로 받아들일 수 있다. 많은 예문을 접하면 뇌는 문법적인 통일성을 파악하여 분류를 한다. 그래서 자신도 모르게 맞는 문법적인 문장을 입으로 말하게 되고 이것이 더 맞을 것 같다는 감이 생긴다. 그러면 좀 더 세련된 말하기가 완성된다.

앞으로 새로운 단어·숙어·문법을 이론적인 지식을 통해 습득하게 되면 예문으로 반드시 사용해보자. 그러면 그 이론이 머릿속에 명확하게 정리되고 영어로 대화할 때 쓸 수 있는 진정한 머릿속의 데이터로 거듭날 것이다. 영어 선순환의 기본적인 요건은 '예문'이다.

05

외국인 친구랑 놀면서
공부하기

나의 영어공부 방법 중 가장 중요한 것은 외국인 친구와 만나 노는 것이다. 외국인 친구를 만나는 즐거움을 빨리 깨닫는다면 당신의 인생은 더 다이내믹해 질 가능성이 높다. 외국인 친구를 만나서 노는 것은 내가 영어공부를 즐겁게 공부할 수 있는 방법이며 꾸준히 할 수 있는 동기 부여의 원천지였다. 그리고 더 나아가 진짜 영어다운 영어를 피부로 느끼게 하는 실전이었다.

초반 몇 달 동안 외국인 친구와 마음으로 소통을 하기 전까지는 긴장되고 조심스럽고 부담스러운 나날들이 지속될지도 모른다. 한국인을 만날 때도 그렇지 않은가? 처음 만나면 어색하고 조심스럽지만 공통점을 찾거나 하나하나 자신의 경험을 공유하고 공감하면서 친해진다.

우리는 우리와 잘 맞고 만나면 편하고 즐거울 수 있는 인연을 찾는 여정을 계속해야 한다. 단 몇 번의 시도로 나는 외국인 친구와 맞지 않다고 생각하며 좋은 인연을 찾는 것을 포기하면 안 된다. 처음에는 영어를 배우기 위해 외국인 친구를 만들어야 하는 의무감 반으로 그들의 문화에 뛰어들지만 나중에는 정말 사람 대 사람으로 즐거운 감정을 공유하고 만나면 즐거워서 인연을 찾게 된다.

한국에서 외국인 친구를 만나게 되면 페이스북이나 카카오톡 등 어떤 SNS로든 연락하게끔 맺어지게 되어 있다. 그러면 그들의 파티나 계획에 초대될 가능성이 높아진다. 댓글을 달거나 '좋아요'로 관심을 표현하면 '너도 올래?'라는 반응이 아주 쉽게 온다. 외국인 친구들은 한국인처럼 아는 사람만 부르고 모르는 사람은 아는 사람들에게 양해를 구하고 초대하는 복잡한 과정이 없다. 그냥 초대하고 다 같이 쉽게 어울리고 알아간다. 그들만의 문화에 있어 개인적인 것을 중요시 하지만 초반의 진입장벽은 한국인보다 낮은 편이다. 그렇게 낮은 진입장벽으로 뛰어들어 좋은 친구를 찾아내야 한다.

내가 외국인 친구에게 아직은 서툴렀던 5월의 어느 따뜻한 날, 나는 친구의 초대를 받았다. 5월 5일은 멕시코의 싱코 데 마요^{Cinco de mayo}라는 기념일이다. 우리에게는 어린이 날이지만 그들에게는 멕시코 군이 프랑스 군을 기적적으로 물리친 것을 기념하는 날이다. 외국인 친구 G는 나에게 싱코 데 마요가 뭔지 알려주고 싶다며 오라고 했다. 그녀는 그녀의 친구 B의 오피스텔에 있는 중간 옥상 같은 정원에서 간

소하게 파티를 한다고 했다. 그녀의 친구 B도 알고 있던 터라 파티 시작 전에 맥주 세트를 사들고 B의 집에 갔다.

시간이 되자 여러 명의 외국인들이 하나씩 음료나 간식거리를 들고 왔다. 밝은 대낮에 다 같이 모여 서서 테이블 위의 G가 만들어온 멕시코 전통음식들을 먹으며 서로 이것저것 이야기하고 사진도 찍으며 놀았다. 그리고 별 규칙도 없이 그들은 옥상 바닥에 그대로 누워 햇빛을 한가로이 쐬며 여유를 느꼈다. 나는 그들의 분위기에 적응해보려 눈치껏 잘 움직이면서 그들의 문화를 체험했다.

그들을 이상한 것을 잘 하면서 놀았다. 한국인 친구와는 그렇게 놀아 본 적이 없었다. 자유로웠다. 사다리를 타고 올라가서 신발을 벗어 던지지를 않나 옥상 구석으로 기어들어가 발코니 같은 곳에서 차가 다니는 도로 밑을 내려다보며 이야기를 나누기도 했다. 나도 굳이 그 구석으로 기어들어가 그들의 이야기에 추임새를 넣으며 옆에 있었다. 잘 어울리고 있음을 보여주고 싶기도 했고, 그냥 그 맥락 없는 행동들이 신기하기도 했다.

기어들어간 난간 같은 곳에서 외국인 남자를 만났다. 그는 한국어를 조금 할 줄 알았다. 그는 쭈뼛거리면서도 그들 옆에 혼자 잘 끼어들어 노는 나에게 말을 걸었다. 우리는 한국어와 영어를 섞어 이야기를 시작했다. 나는 그가 한국에 어떻게 오게 되었는지를 물었고 그는 자신의 개인사를 생각보다 쉽게 이야기해주었다. 미국에서 한국인 여자친구를 만나게 되었고 그 이후로 같이 한국에 오게 됐는데 오래 사귀다가 결국 헤어졌다고 했다. 자신은 여자친구로 인해 한국에 왔지만 한국에 한번 살아보고 싶어 일을 구해 정착하게 되었다는 신기한 이야기였다. 그의 이야기처럼 다양한 나라에서 온 그들의 스토리가 흥미진진했다. 파티는 밤까지 이어졌다. 나는 그들의 첫 파티에서 성공적으로 잘 어울렸다. 그들은 그 뒤로도 나를 미식축구 같은 자신들만의 이벤트에 계속 초대했다.

어느 날은 외국인 친구가 술을 마시다가 "I am a bit tipsy."라는 말을 했다. 나는 해롱거리는 그녀의 모습을 보며 '아, 좀 취한다는 말인가 보다.'리고 생각하며 집에 가서 사전 음성인식으로 'Tipsy'를 검색했다. 예상대로 '술에 거나하게 취한'이라는 뜻이었다. 그 표현은 비격식 영어표현으로 한국 영어책에서는 찾기가 힘든 표현이었다. 친구들을 만나며 실제로 사용하는 영어 표현을 하나하나 얻어갔다.

그 친구들 말고도 실제로 만나본 적은 없지만 멀리 싱가포르에 사는 호텔리어 친구 J와도 연락을 주고받는다. 내가 호텔 일을 할 때는 서로의 고충을 나누기도 했다. 그녀는 싱가포르에 내가 오기를 바라고 있고, 나도 나의 버킷리스트에 '싱가포르에 가서 J와 여행하기!'라는 즐거운 계획 하나를 써놓았다. 또 다른 외국인 친구 J와 E, 그리고 한국인 친구 L과는 벚꽃을 보러 부산에 가기로 약속을 잡았다. 그들과 함께 할 부산여행이 너무 설레고 기분 좋다. 외국인 친구를 만나는 것이 부담스럽고 긴장되었던 날들이 어느새 친구를 만나는 기분 좋은 설레임으로 바뀌고 있다.

나의 다양한 외국인 친구들과의 이야기를 읽으며 당신도 저렇게 할 수 있다는 상상으로 즐겁게 미소를 지었으면 좋겠다. 그들과 어울리며 영어공부도 하고 새로운 문화와 사상도 접하며 놀기도 하는 이 좋은 방법을 꼭 시도해보기를 바란다. 이런 만남들은 당신의 인생에 다양한 아이디어와 기회를 제공할 것이며 영어공부의 즐거운 동반자가 될 것이다.

06

영어회화,
같은 말 새롭게 하기

당신이 일상생활의 많은 상황들을 하나의 표현으로 어느 정도 말할 수 있게 되었다고 가정해보자. 당신의 영어 실력이 완성된 것일까? 이제 기본이 완성된 것이다. 여기서 한 걸음 더 나아가 원어민처럼 유창한 영어실력을 가지려면 기본 표현에 다른 표현을 더해보고 같은 뜻을 다른 방식으로 말해보면서 어휘력을 쌓아나가는 일이 남았다. 이제껏 기본 뼈대를 세우기 위해 수직 상승했다면 이제는 수평으로 뼈대에 살을 붙여나가야 한다. 그러다 보면 다양하고 자연스러운 영어문장을 유창하게 말하는 경지로 올라갈 것이다.

예를 들어 "알았어, 좀 더 생각해 볼게."라는 문장을 내가 알았던 가장 쉬운 문장으로 표현 한다면 "Okay, I will think about it more."이라고 할 수 있을 것이다.

그러나 이제는 여기서 몇 가지 표현을 영어자극들을 통해서 더 늘려나가야 한다.

I got it, I try to consider it.

All right, I am debating about it.

Yeah, I will stick to the issue more.

Yes, I will give it some more thought.

Okay, I will keep thinking about it.

Let me reconsider it.

Okay, I will put it on my table.

All right, I will think it over once again.

Okay, I am going to ponder over the problem.

I got your point, I will discuss a matter more.

이렇게 하나의 뜻을 다양한 영어 표현으로 만들 수 있다. 한꺼번에 이렇게 많이 늘려나가란 뜻은 아니다. 적어도 2개 이상의 표현으로 하나의 뜻을 말할 수 있게 어휘를 하나씩 늘려 가다보면 어느 순간 한 문장을 10개의 표현으로도 쉽게 말할 수 있게 될 것이다.

문장 안에서 '고려한다, 생각하다'의 뜻을 가진 비슷한 동사를 넣어보고 고려의 대상이 되는 '그것, 문제'의 명사를 다양하게 바꾸어보자. 또 동사와 같이 쓰는 전치사(또는 부사)를 넣어 '동사구(구동사라고도 한다. 동사구는 두 단어 이상이 모여서 하나의 동사 역할을 하는 것. 구란 주어, 동사 관계가 아닌 2개 이상의 단어가 통합하여 나타나는 단위의 하나.)'를 만들어 문장을 더욱 풍부하게 만들어 본다.

나는 어느 순간 모든 표현들을 막힘없이 1가지 표현으로 말할 수 있게 되자 매일 그 같은 단어와 동사를 쓰는 것이 지겨워졌다. 그래서 같은 뜻을 가진 단어를 사전에서 찾아보면서 유의어, 반의어의 표현을 더해 갔다. 또 사전에는 복합어와 숙어가 실려 있다. 동사와 함께 다양한 전치사와 부사가 올 때마다 어떤 식으로 문맥상 의미가 바뀌는지 뉘앙스를 익히는 것도 어휘력을 늘리는데 도움이 된다.

이해를 좀 더 돕기 위해 하나의 예시를 더 들어보겠다.

나는 한국음식을 먹고 싶어요.
I want to eat Korean food.

이제 다양하게 나는 한국음식을 먹고 싶다고 표현해보자. 그 의미가 들어 있으면 된다. 괄호 안은 직역을 한 것이다.

I am a big fan of having Korean food.
나는 한국음식 먹는 것을 좋아하는 열혈 팬이다.
I am dying to eat Korean food.
나는 정말 한국음식이 먹고 싶어 죽겠다.

I would like to eat Korean food.

나는 한국음식을 먹고 싶다.

I am so passionate to have Korean food.

나는 한국음식 먹는데 열성적이다.

It is my happiness to get Korean food.

한국음식을 먹는 것은 큰 행복함이다.

I look forward to having Korean food.

나는 한국음식 먹기를 기대한다.

This is my best part having Korean food.

내 생애 최고의 순간은 한국음식을 먹는 것이다.

I am eager for Korean food.

나는 한국음식을 먹기를 열망한다.

I enjoy local foods in Korea.

나는 한국에서 그 지역음식을 즐긴다.

I can't wait to eat Korean food.

나는 한국음식 먹는 것을 기다릴 수 없다.

공부를 하다 보면 알겠지만 영어는 한국어보다 두루뭉술하다는 느낌을 많이 받는다. 한국어는 영어보다 어휘가 더 많고 그 어휘 자체가 하나의 뜻에 한정되어 있거나 좀 더 자세하게 정해진 느낌이다. 그러나 영어는 그렇지 않다. 영어는 하나의 단어가 상황에 따라 다양하게 쓰인다. 한 단어가 동사가 되기도 하고 명사가 되기도 하는 등 하나의 품사(단어의 기능)에 한정되어 있지 않다. 심지어 하나의 단어가 문맥에 따라 다양하게 해석되는 등 우리를 당황스럽게 하는 경우가 한두 가지가 아니다. 한국어와 다른 그 언어의 특징을 인정하기 전까지 나는 영어를 공부하면서 많이 혼란스러웠다. 하나의 단어가 자동사가 될 때도 있고 타동사가 되기도 하고 형용사나 명사가 되기도 하다니, 이걸 다 어떻게 외워야 하나 막막했다. 하지만 너무 복잡하게 생각할 필요가 없다. 그냥 한 단어의 쓰임이 '주로' 이런 품사와 뜻으로 사용된다는 것부터 알면 된다. 그리고 문장을 접하면서 높은 빈도수대로의 역할을 넓혀 가면 된다. 그 상황이 오면 이런 뜻도 있구나 하며 느낌을 익히면 된다. 그것이 당신의 영어 데이터가 쌓이는 과정이고 그게 쌓여서 뇌가 상황별로 정리를 하면 어떤 문장을 봐도 곧바로 이해할 수 있기 때문에 너무 걱정하지 말자.

이런 상황 때문에 영어는 모든 뜻에 일대일 대응이 되지는 않는다. 자기가 의도하는 바의 내용을 전체적으로 전달하면 되는 언어인 것이다. 그래서 영어는 자기 스스로 직역도 잘해야 하지만 좀 더 원어민에 가까워지기 위해서는 내용을 의역해서 이해해야 하고 쓰는 것에 익숙해져야 한다.

이 과정을 통해 당신은 교과서적인 표현의 한계에서 벗어나 좀 더 원어민이 쓰는 표현에 가까워지는 훈련을 하는 것이다. 영어 원서나 뉴스 등을 읽을 때 하나하나 다 한국어로 번역하기보다는 영어 그 자체에 문맥을 이해하면 되듯이, 여러 상황에 따라 쓰이는 표현을 익혀

가면 당신의 영어 표현력은 어느 원어민 못지않게 풍부해 질 것이다.

07

리액션과 제스처가
영어 실력을 좌우한다

미국 드라마나 영화를 보면 미국인들은 말할 때 손과 몸이 가만히 있질 않는다. 그들에게 이 리액션과 제스처가 커뮤니케이션의 매우 중요한 역할을 한다. 그리고 우리는 이것을 적극적으로 따라해야 한다. 영어라는 언어를 배운다는 것은 말로 하는 언어뿐만 아니라 그 언어를 이해하는데 도움이 되는 몸의 언어인 리액션과 제스처를 배우는 것이기도 하다. 그 둘은 서로 상호작용을 하면서 전체적인 영어 실력이 상승하도록 시너지 효과를 낸다.

호텔에서 일할 당시 외국인 손님으로부터 온 전화를 받는 것이 두려웠다. 무슨 말을 하는지 잘 알 수가 없어서 난처한 적이 많았기 때문이다. 그래서 괜히 더 긴장하게 되고 잘 들리지 않았다. 상대방이 말하고자 하는 것을 이해할 수 있도록 도와주는 역할을 하는 몸의 언어를 볼 수 없기 때문에 의사소통하기가 더 부담스러운 것이다.

외국인 친구를 처음 만났을 때에도 몸의 언어가 정말 큰 역할을 했다. 그리고 이상하게 제스처를 하면 내가 미국인이 된 듯 영어가 더 잘 나오는 기분을 느끼기도 했다.

외국인 친구들에게도 당신의 큰 리액션과 제스처는 정말 중요하다. 내가 얼마만큼 그들과 적극적으로 이야기하고 싶은지를 몸으로 보여주는 것이기 때문이다. 당신이 외국인 친구들과 이야기를 할 때 크게 웃고 박수를 치는 등의 리액션을 보여준다면 당신의 영어 실력이 미흡하더라도 외국인 친구와 마음을 나누기가 쉽다는 것을 알아야 한다.

그들과 잘 어울리기 위한 하나의 팁은 대화에 어울리는 맞장구를 칠 수 있는 짧은 표현들을 기억해 두는 것이다. 드라마나 영화에서 가장 쉽게 들리고 보이는 것이 짧은 리액션의 표현들이다. 그런 것들을 실감나게 행동하면서 따라하자. 그 느낌을 그대로 살려서 외국인 친구한테 써먹어야 하기 때문이다. 그것이 영어가 술술 나오지 않는 사람이 먼저 외국인 친구들과 소통할 때 필요한 것이다. 그 사람의 이야기를 잘 들어주고 적절한 반응을 보내는 것이 당신이 할 수 있는 최선이고, 영어를 잘하기 위한 시작의 반이다. 솔직히 초반에는 그런 자신의 모습이 어색하고 바보 같다고 느낄 수도 있고, 평소보다는 과한 느낌으로 표현하기에 조금 피곤할 수도 있다. 하지만 내가 영어를 잘

못하는 입장에서 그렇게 해서라도 그들과 어울리고 배울 수 있다면 기꺼이 그렇게 해야 한다. 그리고 거기서 경험하는 감정들 또한 영어 공부를 더 열심히 해야겠다고 생각하게 만드는 하나의 발전적인 자극이다.

아직도 영어공부와 말하기를 하는데 있어 그것들이 그렇게 중요한 것인지 확신이 서지 않을 수 있고, 어색할 수도 있다. 그렇다면 쉽게 생각해서 제스처와 리액션은 하나의 영어 전투태세라고 생각하면 된다. 나는 이제부터 적극적으로 영어를 써보겠다는 마음의 자세인 것이다. 그러니까 그 행동은 나의 뇌에게 이제부터 철저하게 영어 뇌로 바꿀 것이라는 의지를 전달하는 것이다.

태권도를 할 때 사람들이 왜 기합을 넣는가? 왜 많은 사람들이 시험을 치기 전에 "화이팅!"이라고 외치는가? 전쟁을 하러 나가는 군사들이 소리를 지르며 달려나가는 것도 다 어떤 일을 하기 전에 그 일에 최선을 다해 임할 것을 결심하는 의미의 행동이다. 그러면 놀랍게도 우리 뇌는 그에 대한 영역의 활성화를 진행하게 되어 있다. 사람은 정말 마음먹기 나름이라는 말 또한 그와 같은 맥락이다.

《영어공부, 성격대로 하라》의 저자 최영임 또한 제스처와 리액션이 실제로 영어를 잘하게 한다는 과학적인 근거를 말해주고 있다. 1950년 캐나다의 신경외과 의사 펜필드 박사는 간질 환자의 발작 근원지를 알아내기 위해 뇌를 전극으로 자극하다가 측두엽의 기능을 알아냈다. 이것을 계기로 언어공부를 할 때 뇌와 가장 많이 관련된 부분이 바로 손이라는 것을 밝혀냈다. 그래서 영어를 학습할 때 제스처를 하거나 손으로 필기를 하는 것은 뇌의 기억에 효과적이라고 하였다. 또 뇌와 관련이 많은 2번째 부위는 입으로 영어를 직접 말하고, 혀를 정확하게 움직이는 것이다. 듣기만 해서는 영어 말하기가 저절로 되지 않기 때문이다. 3번째로 중요한 것이 귀와 눈과 코라고 하였다. 이렇듯 오감을 모두 사용하면 뇌가 활성화되어 더욱 효과적으로 영어를 공부하게 된다고 한다.

이 과학적 근거에 의하면 내가 외국인 친구와 만나서 맛있는 것을 먹고 이야기하는 모든 상황과 행위가 나의 영어공부를 200% 활성화시킨다고 볼 수 있다. 그들의 말을 귀로 듣고 대답하며 동시에 과장될 정도로 손과 몸을 사용하는 제스처를 쓴다. 그리고 즐겁게 웃으며 큰 리액션을 취하는 것, 이렇게 나는 가장 즐겁고도 효율적인 방법으로 영어를 공부했던 것이다.

나는 요즘도 영어공부를 할 때 혼자서 제스처를 한다. 특히 쉐도잉(영어문장을 듣기와 동시에 따라 말하며 읽는 것)할 때 제스처는 큰 도움이 된다. 그냥 가만히 입만 움직이는 쉐도잉을 하면 계속 틀리고 흐름이 끊기기도 하다. 그러다 보면 짜증을 내며 쉐도잉을 멈추기도 한다. 하지만 나의 영어 전투태세, 해내고야 말겠다는 제스처와 함께라면 목청도 커지게 되고 더욱 적극적으로 따라 읽는 내 모습을 발견

한다. 앞으로 영어를 공부하거나 말을 할 때 최대한 몸에 다양한 자극을 준다면 훨씬 공부의 효과가 좋다는 것을 기억하자.

결론적으로 영어로 말할 때 리액션과 제스처는 우리 뇌를 활성화시키는 역할과 외국인과 의사소통을 유하게 해줄 몸의 언어를 전달하는 역할, 그리고 영어 전투태세를 보여줌으로써 영어를 열심히 해보겠다고 마음먹는 의지의 표현이다. 음악이 흐르면 박자를 타듯 영어가 나오려면 리액션과 제스처로 흐름을 타보는 건 어떨까?

08

공부의 우선순위를
바꿔라

"영어를 잘하고 싶은데 어떻게 하면 되나요?"

주변 사람들이 나에게 던진 질문이었다. 나는 잠시 말문이 막혔다. 매일 자연스럽게 노출되어 있는 한국 안에서의 영어 인프라를 그 사람들에게 어떻게 설명해야 할지 몰랐다. 3년간의 세세하고 열정적인 행동들을 한방에 압축해서 말하기가 힘들었다. 내가 우물쭈물하고 있자 사람들은 현자의 말을 기다리듯 간절한 눈빛으로 나를 재촉했다.

"영어공부는 이론 50퍼센트, 실전 50퍼센트로 하면 됩니다."

사람들은 정확히 무슨 말인지 몰라 갸우뚱하거나 기적을 듣지 못해 아쉬워하는 기색이 역력했다. 사실 영어공부라는 것이 하나하나 배움의 맛을 알아가면서 어느 정도 흐름을 타고 그 습관이 안정화되어야 속도가 난다. 그렇게 발전하는 나의 모습에 신이 나서 조금씩 달라지는 주변의 상황에 열정이 솟는다. 그 불을 붙이기 전까지는 그렇게 쉽지도 재미있지도 않은 시작의 과정이란 것이 존재한다. 그러하더라도 저 단순한 그러나 위대한 50대 50의 비율은 내가 공부한 그대로를 나의 말하기 실력, 즉 내 진짜 실력으로 만드는 최상의 비율이다.

이런 기본적인 원리를 근본으로 나는 이것저것 다양하고 실용적인 인풋 공부 방법을 사용했고, 한국에서 실전으로 쓸 수 있는 다양한 상황에 뛰어들어 아웃풋 공부를 했다. 이 과정을 반복하고 나니 유학을 가지 않고도 한국에서 '가성비' 높게 실력을 향상시킬 수 있었다.

사실 우리는 앞선 이론 50퍼센트는 많이 경험해 봤다. 그 방법이 아무리 별로이더라도 배운 영어를 실전에서 쓰려고 노력했다면 실력이 는다. 이론 50퍼센트의 방법을 누구보다 잘 알아서 열심히 할 수 있는 사람이 실전을 두려워해서 피하고 귀찮아한다면, 그 사람은 실력이 제자리걸음을 하게 된다. 결국에는 이론을 얼마나 효과적으로 공부하는가보다 어설프게 이론을 공부했더라도 얼마나 실전에서 아는 만큼 사용해보았는가가 중요하다. 그렇게 공부를 하다보면 점점 어휘량이 늘어나 말할 수 있는 주제도 확장될 것이다.

사실 실전에서는 이론적인 지식을 자연스럽게 얻을 수 있는 가능성도 높다. 물론 자기가 말할 것을 생각하느라 남의 말을 듣고 습득하는 여유에 이르기까지는 시간이 좀 걸린다.

외국인들은 생각보다 우리에게 인내심이 많다. 열심히 말하려는 열정을 보이고 밝은 미소와 즐거운 에너지만 있다면 당신이 단어만 던지더라도 같이 노는 것에 얼굴을 찌푸릴 사람은 없다.

왜 이렇게 실전이 중요한 것일까? 그것은 우리가 지금 한국에 있기 때문이다. 한국에서 영어를 잘하려고 한다면 당연히 한국이 약한 실전 인프라에 더 중점을 두고 보완하는 것이 당연하지 않은가?

당신이 이 책을 들었다는 것은 한국에서 공부를 해서 영어를 잘하고 싶은 사람인 게 틀림없다. 그럼 이제 실전을 우선순위에 두고 어떻게 해야 영어를 많이 쓸 수 있는 곳에 주기적으로 노출되거나 참가할 수 있는지를 강구하는 것이 중요하다. 이론은 자신이 공부하고 싶은 방법으로나 내가 다른 장에서 설명해 놓은 실용적인 이론공부 방법을 적용해서 자신의 입맛대로 습관화시키면 된다. 가장 중요한 것은 영어들이 실제로 사용하지 않아 당신의 뇌가 그것을 중요하지 않다고 여겨 지워버리거나 오랫동안 쓰지 않아 깊숙한 뇌 속에 저장되어 다시 꺼내기 위한 노력이 더 들지 않게끔 해야 하는 것이다. 그때그때 배운 것을 토하듯이 다 뱉어내고 어떤 문장에 넣어서든 써보도록 해라. 바로 수정을 받을 수 있으면 좋겠지만 그렇지 않아도 기다리면 뉘앙스 파악이 부족했던 단어의 쓰임을 외국인을 만나며 듣고 수정할 수 있는 날이 온다. 인내심을 조금 가질 필요가 있다.

Sooner or later you will know that.

곧 알게 될 것이다.

나도 마구 뱉어 내다보니 수정해야 할 것들을 잘못 쓰고 있을 때도 있지만, 기억이 나야 수정을 하는 것이고 뇌의 저장소에서 말을 꺼내서 뱉어야만 머리에 새겨져 기억하게 된다. 그렇게 기억하고 있으면 드라마를 보거나 외국인을 만났을 때 소리가 들려서 자연스럽게 수정할 수 있는 기회가 오는 것이다.

꾸준한 시간과 인내심이 필요로 하는 공부이지만 사실 이 과정들이 그렇게 스트레스인 것만은 아니었다. 내가 3년 동안 잘못 알고 있었던 몇몇의 단어가 있지만 실제로 대화를 할 때 의사소통에 문제가 될 정도는 아니었다. 이런 작은 실수들이 배우는 과정에서 일어나겠지만 거기에 너무 에너지를 쏟아 집중할 필요는 없다. 모든 사람이 처음부터 완벽할 수는 없고, 그러면서 배우는 것이기 때문이다.

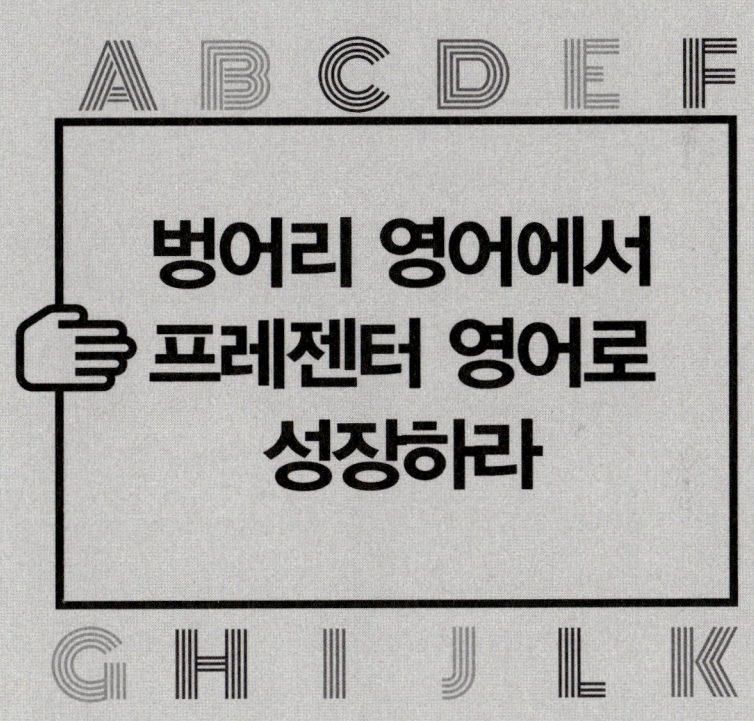

PART 05

ABCDEF

벙어리 영어에서
프레젠터 영어로
성장하라

GHIJLK

01

영어를 잘하면
더 큰 꿈이 생긴다

가끔 카카오스토리나 페이스북을 들어가면 지나간 추억을 되새겨 보라고 3년 전 사진, 5년 전 사진이 뜬다. 나는 그 사진의 연도를 확인하며 깜짝 놀라곤 한다.

"뭐? 이게 겨우 3년 전이라고? 내가 5년 전에 이 일을 하고 있었어?"

그런 사진을 볼 때마다 체감상은 10년도 더 된 아주 오래된 일인 것 같았다. 왜 그런지 생각을 해보았더니 27살부터 이 글은 쓰고 있는 30살, 3년이 조금 넘는 시간 동안 나의 인생은 너무 빠른 속도로 새로운 국면을 맞이했고, 나의 사상과 행동 패턴들이 마치 다시 태어난 듯 극적인 변화를 겪었기 때문이었다. 이렇게 27살, 인생의 터닝 포인트를 기점으로 전과 후의 나는 너무나도 다르다. 어쩌면 27살 전에도 무언가 잘못됨을 느끼고 있었지만 어떻게 해야 할지 몰라 행동하지 않았던 것 같다.

나는 공무원 시험 준비에 실패한 후 대학교를 다니는 내내 무엇을 하며 먹고 살아야 하는지에 대해 불안해하며 이것저것 많은 것을 시도했었다. 많은 시도 끝에 오는 절망과 깨달음을 통해 결국 내가 원하고 잘하는 내 인생의 무기를 찾았다. 당시는 "그래서 그게 뭔데?" 하며 그 누구도 답을 줄 수 없고 나만이 찾을 수 있는 답을 남이 찾아주기를 바랐다.

지금은 공무원이 안 되어서 다행이고 적당히 안정적이고 괜찮은 직업을 찾아 안주하지 않아 다행이다. 오랜 불안의 끝에 찾은 나의 직업과 지금 내가 잘하는 것을 통해 확장된 꿈을 계획하고 실행하는 삶이 훨씬 만족스럽고 나답다고 느낀다.

나는 한국에서 영어를 마스터하게 되어 이렇게 책도 쓰고, 그로 인해 1인 기업가가 될 수 있었다. 나의 가치는 무궁무진하다. 사람들에게 나의 경험을 알려주며 도움이 되는 사람으로 살 수도 있고 새로운 개척자로서 많은 이야기를 책으로 써서 공유하는 사람으로도 살 수 있다. 직업의 타이틀로는 영어선생님이 될 수 있었고, 다양한 이야기를 들려줄 수 있는 책을 쓰는 작가의 삶을 가질 수도 있었다.

나는 다른 나라에 가서 살 계획도 가지고 있다. 여행도 가지 않으려고 했던 내가 다른 나라에서 살아보려고 한다니. 고작 3년 전에는 상상도 할 수 없는 일이다. 이제 나의 인생은 한 치 앞을 예상할 수 없는 인생으로 바뀌고 있다. 여러 나라를 돌아다니다가 떠오르는 아이디어가 있다면 그 분야에 뛰어들 각오도 하고 있다. 나의 마음은 영어를 배우고 활짝 열리게 되었고 그 어떤 것도 받아들일 준비가 되어 있다.

이제 나는 한국에서 안정적이게 살고자 하면 살 수도 있고, 다른 나라에서 다이내믹하게 살고자 하면 그 또한 그렇게 하면서 살 수 있다. 내 마음이 원하는 대로 내가 행복할 수 있는 선택을 그때그때 하며 최선을 다해서 뛰어들고 또한 즐길 것이다.

이 모든 것은 영어를 공부하면서부터 생긴 변화이다. 늘 똑같은 삶, 새로운 것을 시도하지 않는 사람들 틈에서 벗어나 다양한 사람들을 만나는 과정에서 나의 벽을 허물고 그 틈 사이로 새로운 세상을 보기 시작한 것이다. 그리고 영어를 잘하게 됨으로써 전 세계 사람과 좀 더 쉽게 소통할 수 있게 되었다는 사실은 그들의 이야기를 알고 싶다는 호기심을 불러일으켰다. 영어를 시작할 때는 이렇게 큰 변화를 가져다줄 것이라고는 생각하지 못 했다. 끝까지 포기하지 않고 견뎌서 얻은 지금 이 순간의 모든 것들에 감사하며 나는 오늘도 새로운 꿈을 꾼다.

02

영어로 헬 조선 탈출을
기획하라

하루도 빠짐없이 우리가 인터넷 뉴스에서 보는 기사내용이 있다. 청년 실업, 경기 침체, N포 세대, 한국 노동시간 OECD 최장, 출산율 하락 등. 일명 '헬 조선'이라 불리는 우리나라의 상황은 걷잡을 수 없다.

열심히 일을 해도 인정받기가 힘들고 열악한 환경, 고된 업무에 비해 적은 보상으로 근근이 살아가는 우리나라 사람들은 평생 열심히 공부하고 열심히 일하다가 인생이 끝날 지경이다. 어느 순간부터는 나아질 것이라는 희망조차도 사라지고 꿈을 꿔본지가 오래되었으며, 내가 뭘 좋아하는지조차 생각할 여유가 없다.

나 또한 그런 상황으로 10대부터 20대까지를 낭비했고 힘들어했다. 그러던 어느 순간 모든 시스템과 환경에 의문을 제기했다. 나의 의식이 조금만 더 빨리 깨어났다면 나는 입시교육으로 낭비했을 시간과 꿈이 없는 취업준비 시간에 다른 것을 했을 것이다. 좋아하는 것이 무엇인지, 잘할 수 있는 것이 무엇인지 그래서 어떤 멋진 사람이 되고 싶은지를 찾는 것에 집중했을 것이다. 그것을 위해 필요한 공부를 하며 나만의 무기를 빨리 키우고 싶어 하나라도 더 많은 경험을 해봤을 것이다.

왜 가장 도전적이고 순수하게 아름다워야 할 10대와 20대에 세상의 암담함으로 창의력을 꺾고 불안한 미래에 굴복하고 순응하며 살아야 하는지 의문을 제기해야 한다. 그리고 해결 방법을 적극적으로 찾아야 한다.

20대 시절, 오랫동안 참아온 무거운 마음을 견디기 힘든 어느 날이었다. 나는 아버지께 너무 힘들어 이렇게 말한 적이 있다.

"왜 행복은 고생에 비해 이렇게 얻기가 힘들어? 난 큰 욕심을 부리지 않아. 그저 70퍼센트를 노력하면 30퍼센트 정도의 행복을 얻기를 바라는 거야. 근데 지금 내가 느끼는 건 노력과 힘들어하는 시간이 95퍼센트인데 그에 비해 행복은 5퍼센트도 보장되지 않는 것 같아. 이건 너무 심하잖아."

아버지께서는 이렇게 대답했다.

"사람은 인생을 살면서 다 고생을 하고 살아. 그걸 감내하고 견디는 게 인생이야."

나는 그 말에 더 화가 났다.

"우리가 행복하게 살려고 태어났지 평생 고통을 감내하며 살려고 태어났어? 왜 그게 당연해야 하는데?"

나는 답답한 마음에 괜히 아버지께 화를 내고 이것은 옳지 않고 당연하지 않다고 순응하기를 거부했다. 그러면서도 내가 강해야 하고 나만의 무기가 있어야 하는데 그것이 무엇인지도 몰랐고, 또 큰 변화를 시도할 자신도 없는 스스로의 나약함에 더 절망했다.

그때 내가 바란 것은 일주일에 40시간을 근무하면 사람의 존엄성을 유지하면서 작은 행복 정도는 누릴 수 있는 삶이었다. 나는 많은 욕심 없이 그 정도면 충분히 고마워하며 행복할 수 있는 그런 사람이었다. 하지만 한국에서는 그 생각이 아주 큰 욕심이고 쉽게 얻을 수 있는 것이 아니어서 슬펐다. 다행히 나는 부당함에 저항했고 지금은 나만의 무기를 찾았으며, 동시에 그 무기를 잘 쓸 수 있는 의식까지도 성장했다.

지금 나의 삶은 내가 하고 싶은 일을 선택할 수 있는 옵션이 많아졌다. 그리고 나는 잠을 자고 싶은 만큼 푹 자고 일할 수 있으며 내가 바랐던 작은 행복을 누릴 수 있게 되었다. 하루에 15시간씩 일을 하고 잠을 줄이며 일찍 출근해야 했던 생활, 수많은 노동시간에 비해 한없이 적었던 급여, 일하면서 겪었던 부당함. 이 모든 요소들이 영어를 잘하고 나서는 훨씬 좋은 조건으로 바뀌었고, 내가 원하는 인생의 자유를 선택하기가 쉬워졌다.

나의 삶은 이제 헬 조선이 아니라 그냥 조선에서의 소소한 행복의 삶으로 바뀌었다. 당신도 영어를 잘하게 된다면 헬 조선이 아닌 그냥 괜찮은 나라, 한국에서의 행복한 삶을 누릴 수 있다. 그리고 정말 지긋지긋한 헬 조선을 탈출하고 싶은 사람에게는 영어가 큰 원동력이 될 수도 있다.

나는 지금의 한국에서 사는 것이 죽을 만큼 힘들지는 않다. 오히려 여기서 만족하고 산다면 새로운 것에 도전하는 고생을 안 해도 될 것이다. 하지만 영어를 공부하며 커진 나의 의식은 이미 한국 밖으로 탈출할 계획을 세우고 있다. 나는 다른 곳을 반드시 경험할 것이고 나의 인생을 적극적으로 이끌 생각이다.

〈코리아타임스〉에 실린 기사에 의하면 미주한인의 이민 생활 만족도가 87%나 된다고 한다. 다른 곳으로 이민을 간다는 것은 맨땅에 헤딩하는 것과 마찬가지이다. 하지만 한국 안에서 이미 맨땅에 헤딩보다 더 큰 시련을 경험하고 있다면, 그 고생의 끝에 답이 나올 것 같지 않고 더 좋은 삶을 찾을 희망이 보이지 않는다면 영어를 공부해서 다른 나라에서 기회를 찾아보고 싶을 것이다. 미국으로 이민을 가든 뉴질랜드로 가든, 어디든 당신이 한번 살아보고 싶고 당신의 재능을 발휘할 수 있는 곳에서 살고 싶지 않은가? 또 그 나라에 가져가면 좋을 새로운 아이디어와 함께 삶을 개척해보고 싶지 않은가? 영어를 잘하면 그 가능성이 크게 높아진다. 또 영어공부를 하면서 만나는 다양한 나라의 인맥을 통해 기회가 올 수도 있다.

이민처럼 크게 탈출할 계획을 기획할 수도 있고, 가볍게 해외여행으로 다른 나라를 살펴보는 일부터 할 수도 있다. 한국에서 기회를 찾기가 힘들다면 자신의 능력과 개성을 알아줄 다른 곳을 찾아나서는 것도 행복한 삶을 찾기 위한 적극적인 자세이다. 한국에서 인정받지 못한다고 자신의 가치를 하락시킬 이유는 없다.

당신의 가치를 알아주는 곳을 찾아 떠나자. 이민이 너무 힘들다면 다른 나라를 돌아다니며 적어도 내 인생의 꿈을 연결시킬 새로운 아이디어를 얻어서 자신의 무기로 만들어라. 그리고 한국에서 해보면 될 것이다. 한국의 한정된 영역과 시각으로 당신이 원하는 삶을 찾는데 한계가 온다면 당장 영어공부를 해서 넓은 곳으로 떠나야 한다. 이후 다시 한국에 돌아온다면 한국은 더 이상 헬 조선이 아닐 것이고, 이민을 가서 길을 찾는다면 한국은 그저 그리운 나의 고국으로 바뀔 것이다.

03

영어회화만 잘해도
한계의 벽이 낮아진다

영어회화를 잘하게 되면 자신의 하루가 어떻게 바뀔지 상상해보았는가? 일상조차도 많이 달라지고 재미있어 진다. 낯선 사람과의 대화도 많아지고 길을 가던 외국인과도 자연스럽게 소통할 수 있다.

최근 제주도 여행을 갔을 때였다. 마지막으로 제주도에서 살 것이 없나 면세점을 두리번거리고 있는데 면세점 직원이 외국인 손님에게 녹차로 만든 상품을 소개하는 데 어려움을 겪는 모습을 보았다. 나는 살짝 끼어들어 상품 설명을 듣고 통역해주었다. "아!" 하는 소리와 함께 외국인들이 그 상품을 하나씩 사갔다. 직원은 나에게 고맙다고 하면서 '첫 번째 수확한 녹차'를 영어로 어떻게 말하는지 물어왔다. 내가 "First harvested green tea."라고 설명하자 문장이 너무 어렵다며 좀 더 쉬운 문장이 없는지 물었다. "그럼 'First picked green tea.'라고 해도 돼요. 우리가 차로 픽업하러 간다고 할 때 픽업이 잡아서 들어 올리는 느낌이잖아요. 녹차도 잡아서 딴 느낌의 픽이에요." 직원은 "아~!" 하며 이 표현은 말할 수 있겠다며 고맙다고 했고, 나는 싱글벙글 웃으며 비행기를 타러갔다.

요즘같이 사람 사이에 소통이 없고 날로 외로워지는 사회 속에서 사람들은 자신도 모르는 사이에 상처받지 않기 위해 벽을 치며 살아간다. 나 역시 그렇게 살아가고 있음을 느낀다. 그러나 이렇게 별 것 아닐 수 있는 일상생활 속에서 내가 열심히 공부한 영어 덕분에 남과 소통하는 즐거움 그리고 다른 사람을 도울 수 있는 작은 기쁨을 가질 수 있어 나의 하루는 조금 더 활기차고 따뜻해질 수 있다.

내가 영어를 공부하게 되며 겪었던 많은 변화들과 새로운 경험은 나의 도전정신을 눈뜨게 했다. 어느 순간부터는 새로운 어떤 것을 시도하려 할 때 두려운 느낌보다 해냈을 때 느꼈던 강한 희열감이 더 커서 무섭기보다는 설레임이 커지며 한계를 뛰어넘게 된다.

요즘 나의 삶의 활력은 세계를 돌아다니는 꿈이다. 너무 오랫동안 비행기를 무서워했다가 그것을 극복했을 때 봇물처럼 터지는 강한 열망을 경험했다. 그리고 그것을 통해 다시 한 번 크게 배웠다. 내가 불가능하다고 생각했던 것들이 끊임없는 노력과 간절함을 통해서 극복할 수 있음을.

삶의 절망 속에서 모든 게 재미가 없고 무의미하다고 생각했을 때 나는 나쁜 생각을 많이 했다. 끊임없는 자기 연민과 부정적인 한계의 벽을 쌓으며 나를 서서히 죽여 갔다. 내가 아무리 노력해도 아무것도 안 된다고 생각했다. 그때 기적처럼 영어공부에 목숨을 걸었고 그 절망의 끝에서 나는 희망의 점프를 시작했다. 모든 것이 한꺼번에 쉽게 이루어진 것이 아니라 하나하나의 작은 성공과 극복이 또 다른 도전을 하게 했고 수많은 도전과 노력들이 쌓여 내가 가지고 있던 큰 두려움의 벽도 넘어서게 했다.

이렇게 실용적인 영어 실력을 갖춤으로써 사람들과의 마음의 벽을 낮출 수도 있고 내 마음속의 부정적인 한계의 벽도 낮출 수 있었다. 그리고 세계를 향한 소통의 벽 또한 낮춤으로써 도전하고 싶은 강한 동기 부여를 주기도 한다. 나는 이럴 때 가장 행복하다고 생각한다. 꿈을 가지고 있는 사람이 노력하면서 스스로가 발전한다고 느낄 때, 그리고 그 발전 과정을 통해 얻는 성공들을 사랑하는 사람들과 같이 나눌 수 있을 때 가장 행복하다고 믿는다.

나는 잘 웃고 밝은 사람이긴 하지만 스트레스에 내성이 강한 사람은 아니다. 마음이 여리고 대담한 사람도 아니다. 많은 사람들이 어두운 사회 분위기 속에서 자신을 끊임없이 탓하고 힘들어한다는 것을 느낄 수 있다. 나도 똑같았지만 다행히 영어라는 무기를 찾아 다시 밝아질 수 있었다.

지금도 끊임없이 공부하고 있으며 어떻게 하면 좀 더 멋진 사람이 될 수 있을지 고민한다. 하루하루 더 좋은 에너지로 어두운 사회의 분위기에 휩쓸리지 않으려 노력한다. 그리고 주변 사람들에게 좋은 에너지를 가진 사람이 되기 위해 노력한다. 늘 불만을 말하기보다는 어떻게 바꿔볼 것인가를 이야기하는 사람, 늘 똑같은 것만 고집하는 것보다는 작은 것이라도 새로운 것을 선택해보는 사람, 조금 더 다른 사람의 상황을 고려하여 배려해주는 사람, 유쾌한 웃음과 장난으로 같이 있을 때 즐거운 사람이 되려고 한다.

앞으로도 끊임없이 삶의 어려움은 올 것이고 나는 다시 불가능할 것만 같은 과제들과 맞닥뜨리게 될 것이다. 그것들은 또 다시 두려움과 힘든 시간을 주겠지만 이제는 그 어려움이 극복 가능한 것임을 안다. 그것을 진정으로 경험하고 느끼는 것만으로도 나는 수많은 한계의 벽을 뛰어넘을 수 있는 힘을 갖추었다고 믿는다.

04

영어공부,
실행이 답이다

당신은 그동안 잘못된 방식으로 익숙해진 방법에서 벗어나 새로운 공부 방법을 알게 되었다. 이제 남은 것은 실행뿐이다. 많은 사람들이 영어를 잘하고 싶다는 꿈을 이루지 못하는 이유는 그들이 제대로 실천하지 않으면서 영어를 잘하고 싶은 결과만을 기대하기 때문이다. 오늘의 행동을 바꾸지 않으면서 내일 좋은 일이 일어날 것이라고 믿는 것은 미친 짓이나 마찬가지이다. 우리가 영어에 대한 생각을 제대로 변화시키고 실행할 때 제대로 된 결과의 변화도 일어난다.

열심히 계획을 짜고 책을 준비하고 공부할 자료를 모으는 것으로 공부를 했다고 착각하면 안 된다. 그 자료를 제대로 내 것으로 익혔을 때, 공부한 것을 실제로 써보았 때 진정으로 나의 것이 된다.

정확한 방법을 알아도 실행하지 않으면 안 된다. 나에게 맞는 모든 방법을 다 찾고 시작하려 해도 안 된다. 조금씩 알아가는 과정에서 바로 시작해서 그 자신감으로 실행을 유지해야 한다. 처음부터 모든 것이 잘 될 것이라는 높은 기대는 언어공부에 조급함만 불러일으킨다. 언어는 제대로 된 방법으로 실행하고 시간을 꾸준히 투자해서 공부하는 것이 답이다. 공부로 시작했겠지만 나중에는 공부라는 인식 없이 취미 같다는 느낌이 더 많이 들것이다. 그렇게 편안하게 평생을 가는 친구가 되면 된다.

이제부터 당신의 뇌는 깨어 있는 모든 순간마다 잠재적인 영어공부 태세를 취해야 한다. 일을 하다가도 갑자기 떠오른 궁금증을 무조건 검색하거나 사전을 찾아서 그때그때 익히는 습관을 유지해야 한다. 무조건 앉아서 공부하거나 실제로 영어로 대화하는 순간만이 영어를 공부하는 것은 아니다. 책을 읽거나 친구와 이야기를 하는 도중, 집안일을 하던 중에도 진짜 영어습관을 가진 사람이라면 궁금증이 생길 것이다. '이런 문장은 영어로 어떻게 표현하면 좋을까? 이 단어는 영어로 뭐라고 이야기하지?' 우리는 모든 생활에서 한국어로 생각하고 말한다. 거기서 조금 더 나아가 영어와 연결을 시키는 노력을 하면 된다. 그때그때 하나씩 익히는 것이 쌓이면 엄청난 성과를 낸다.
그렇게 하나씩 익힌 것들은 절대 그 끈을 놓지 않는다는 느낌으로 한번씩 반복하면서 머릿속에서 꼭 잡고 있어야 한다. 그리고 사용할 수 있는 순간에는 그 표현을 넣어 최대한 사용해야 한다. 그게 가능하냐고 물어볼 수 있는데 지속하면 훈련이 되어 충분히 가능하다. 외국인과 이야기하거나 드라마나 영화를 보며 들리는 소리 자체를 머릿속에 꽉 잡고 있다가 사전을 찾아 익히고, 그 표현을 또 꽉 잡고 있다가 말할 때 사용하다 보면 더 많은 양과 더 쉬운 강도로 가능해진다.

언어는 늘 꾸준하게 지속적으로 반복해야 하는 공부이다. 《영어공부, 성격대로 하라》의 저자 최영임은 영어공부를 지속적으로 해야 하는 중요성을 과학적인 이론을 통해 제시한다.

우리 뇌의 해마는 단기 기억을 장기 기억으로 전환하는 역할을 한다. 우리가 영어공부를 지속적으로 할 때 해마는 이것을 처음에는 단기 기억으로 저장했다가 실행이 반복되면 중요한 정보로 인식하고 장기 기억으로 바꾸어 피질로 넘긴다. 그러므로 우리는 영어를 많은 시간 동안 띄엄띄엄하는 것보다 적은 시간이라도 하루하루 조금씩 하는 것이 좋은 것이다. 장기 기억에 더 많은 데이터가 쌓일수록 오래가는 영어지식이 쌓이는 것이기 때문이다.

또한 영어공부를 실행한다는 것은 실제적인 공부뿐만 아니라 잠재적인 영어공부 태세를 만드는 것이라고 했다. 지속적이고 반복적인 궁금증과 생각이 뇌에 깊이 인식되어 뇌가 그에 대한 답을 비非수면이나 수면 중에 끊임없이 찾도록 한다. 그렇게 찾은 답과 학습한 것들은 뇌의 해마에서 자는 동안 기억을 통합하고 재정리하여 확실하게 새기는 작업을 하게 된다. 우리가 매일 조금씩 영어공부를 실행하는 것과 끊임없이 영어를 생각하는 행동은 우리가 실제로 하는 노력과 뇌가 스스로 처리하는 기능을 활용하여 영어공부의 효과를 극대화시키게 된다.

영어를 공부할 때 뭔가 거대하게 해야 한다는 생각을 버려야 한다. 자신에게 맞는 가장 즐거운 방법으로 자신의 페이스에 맞게 하는 것이 제일 중요하다. 단순하고 쉽게 생각해야 한다. 처음부터 너무 과도하고 높은 레벨을 설정하여 흥미를 잃는 오류를 범하지 말자. 공부할 때는 자신이 생각하는 레벨보다 한 단계 높다고 생각하는 책이나 매체를 선택해야 한다. 그리고 그날그날 끌리는 영어공부 방법을 선택해서 흐름이 끊기지 않도록 지속하는 것이 가장 중요하다.

영어를 공부할 때 병행해야 하는 동기 부여 활동도 절대 잊지 말자. 실행해야 하는 이유를 잊으면 계속 유지할 수 없기 때문이다. 자신이 바라는 것, 구체적인 계획, 구체적인 시간, 구체적인 방법을 꿈과 함께 생각하면서 즐겁게 공부하자.

짧은 시간 안에 당신이 원하는 결과가 나오지 않는다고 실망해서는 안 된다. 그리고 다시 익숙했던 옛날 방식으로 돌아간다면 당신의 실력도 옛날처럼 돌아갈 것임을 기억하자.

유학을 가지 않고 한국에서 공부를 하겠다고 마음먹었다면 조심해야 할 것이 있다. 제대로 된 방법을 모르는 사람들의 말을 들어서는 안 된다는 것이다. 제대로 된 영어공부를 하고 있는 사람들과 어울려야 한다. 당신과 함께 긍정적인 발전을 할 수 있는 사람과 만나면 영어공부가 더 즐겁고 성과도 빠르게 나타날 것이다.

영어공부를 하고 싶다는 강력한 열망으로 심장이 뛰고 있는 지금,

당장 하나의 작은 행동을 취하라. 시간이 흐르면 그 작은 행동들이 모여 큰 결과로 보답할 것이다.

05

1년만 제대로 미치면
원어민처럼 말할 수 있다

지금 영어로 짧은 대화도 나누기 힘든 당신이 1년 뒤에 유창하게 대화할 수 있다면 기꺼이 올인해볼 마음이 있는가?

나는 초반에 제대로 된 방법을 모르고 주먹구구식으로 영어에 도움될 만한 것들을 다 했다. 처음 1년 동안은 초보가 들어봤자 실력이 안 되서 어차피 잘 들리지도 않는 CNN 뉴스를 매일 3시간씩 들었다. 그리고 영어회화 패턴을 원어민 듣기 없이 스스로의 톤, 호흡, 악센트로 계속 따라 읽으며 여러 번 반복해서 책을 보았다. 그리고 중학교 문법책을 사서 훑어보기도 했다.

겉으로 보기엔 잘하는 것 같은 영어공부 방법들이 뭐가 문제인 걸까? 그렇다. 우리가 이제껏 알고 있었던 공부의 우선순위가 잘못되었고, 본인의 단계에 맞지 않는 공부를 한 것이다.

CNN은 어느 정도 말하기가 되고 듣기에 대한 귀가 뚫렸을 때 시도해볼 수 있는 고난이도 영어공부 방법이다. 뉴스 내용 자체가 시사적이라 일상생활에 쓰는 단어보다는 어려운 단어들이 나오므로 초보자가 아무리 CNN을 들어봤자 효과는 미미하다.

대화 문장과 영어회화 패턴을 공부하는 것은 초보자에게 아주 좋은 방법이나 듣기를 먼저 하지 않은 채 나만의 방식으로 읽었다. 이렇게 하면 제대로 읽을 줄 모르는 초보자는 외국인의 톤과 악센트, 호흡을 익히지 않은 채 자신만의 읽기로서 머리에 저장하기 때문에 책의 내용이 외국인의 입을 통했을 때 안 들릴 가능성이 높다. 이 역시 시간 투자에 비해 효과가 반 이하로 떨어지는 방법이다.

앞서 설명했지만 문법공부는 처음부터 하는 것이 아니라고 했다. 나의 마음은 갸륵했으나 듣기와 말하기가 되지 않는 사람이 문법책을 공부한다 해도 실전에서 이용될 가능성은 현저히 떨어진다. 더불어 영어에 대한 흥미를 깎고 시작하는 것이나 다름없으므로 이것도 역시 잘못된 것이다.

나는 이렇게 마구잡이식 영어공부 방법, 우선순위가 맞지 않는 잘못된 방법으로 1~2년 정도를 낭비했다. 작은 것 같지만 시간이 흐르면서 그 차이는 엄청난 효과의 차이로 드러난다. 이 사실을 나중에 하나씩 깨달으면서 적용하고 수정했고, 지금의 실력까지 오는데 3년 정도의 시간이 걸렸다.

당신은 내가 실수했던 부분으로 인해 시간과 에너지를 낭비할 필요가 없다. 이 책을 읽고 바르게 공부하는 법을 알았을 테니 말이다. 작은 차이를 무시하고 자신의 방식을 고집하며 공부하면 당신 스스로의 손해임을 알게 될 것이다.

입이 트이고 열정이 넘치는 3개월이라는 시간 후, 당신의 열정이 멈추지 않고 1년 동안 제대로 된 방법으로 올인하여 투자하게 된다면 당신은 나보다 훨씬 빠르게 원어민처럼 유창하게 이야기할 수 있다.

1년을 올인하는 것이 너무 힘들다고 생각하는가? 그렇다면 일단 3개월만 올인한 후 당신의 일을 하면서 2년, 3년의 여유를 두고 자신의 페이스대로 계속 공부하는 방법도 괜찮다. 하지만 영어를 빠른 시간 안에 유창하게 하고 싶은 사람은 1년을 오롯이 투자해야 한다. 나는 지금도 '이 방법을 제대로 알고 더 빨리 영어를 잘했으면 얼마나 좋았을까.'라는 생각을 한다.

지금 돌아보면 바닥을 치는 엄청나게 안타까운 일이 있다. 교육 공무원인 아버지는 내가 대학생일 때 학교에서 근무하는 외국인 선생님을 관리하는 일을 담당하고 계셨다. 그래서 종종 외국인 선생님을 우리 집에 초대했었다. 나는 그때마다 외국인이 우리 집에 오는 것이 너무 무서웠다.

그러다가 안드리아라는 외국인 선생님이 우리 가족과 많이 친해졌다. 가끔씩 우리 집에 놀러왔는데, 우리 가족들 모두 말은 통하지 않지만 최대한 몸으로 단어로 표현하였다. 그 당시에는 영어를 공부해야겠다는 생각보다 그저 부담스럽고 어려운 마음이 더 컸다. 그러나 어느새 그녀와 정이 들었다. 그녀가 미국으로 돌아가기 전 마지막으로 만난 날이었다. 그녀가 나에게 잘해준 따뜻한 마음을 표현하고 싶은데 내가 말로 잘 설명하지 못하는 답답함에 방 안에서 둘이 이야기를 하다가 서러워서 펑펑 울었다.

나는 그때 왜 그랬을까. 다시 돌아봐도 속이 타들어 갈 만큼 너무너무 안타깝다. 조금만 빨리 제대로 영어공부를 해보자라는 생각을 했다면 그동안 나에게 왔던 더 많은 기회들을 잡을 수 있었을 것이다. 그때 만난 친구들과도 아직까지 연락을 주고받을 수도 있으며, 미국이나 캐나다를 갈 기회도 더 빨리 생겼을지도 모른다.

나의 이런 큰 안타까움을 당신도 느끼고 있다면 당장 시작하자! 빠르면 빠를수록 당신에게 온 기회를 영어로 연결시킬 수 있을지 모른다. 나보다 어리다면 당신은 행운아이다. 더 많은 기회가 찾아들 것이다. 나보다 나이가 많더라도 상관없다. 당신의 인생이 더욱 풍부해질 것이다.

지금 당장 시작하라. 당신이 당신의 인생의 어떤 순간에 있든 1년을 제대로 투자한다면 나머지 인생을 더 빠르고 다이내믹하게 성장하며 살 수 있다.

06

나이에 상관없이
영어를 잘할 수 있다

"영어는 뇌가 몰랑몰랑할 때나 원어민처럼 잘할 수 있지 않나요? 저처럼 영어를 배울 나이가 지났는데 할 수 있나요?"

사람들은 영어를 공부하는 나이가 정해져 있다고 생각한다. 어리면 어릴수록 빠르게 배운다고 생각한다. 영어를 쓰는 환경에 계속 살 것이라면 어린아이들이 더 빠르게 배울 수 있다. 아이들의 의지와 상관없이 24시간 영어에 노출되어 있으니 말이다. 스스로 공부하지 않으려 해도 들리고 말하게 되므로 영어를 잘하는 부모님 밑에서 조금만 도움을 받아도 잘할 수 있다. 그러나 한국에 살면서 영어를 공부해야 하는 것이라면 의지력이 약한 아이들보다 어른들이 훨씬 빨리 배우고, 인지능력이 좋기 때문에 더 빠르게 이해한다.

다만 아이들이 영어를 빠르게 배울 수 있는 이유는 눈치를 보지 않기 때문이다. 아이들은 어른들이 칭찬할수록 더 신이 나서 많이 말해 보려고 한다. 반면 어른들은 문법이 틀릴까봐, 남들이 발음이 좋지 않다고 할까봐, 스스로 자신이 없어서 상대적으로 영어로 말하기를 꺼려 한다. 이렇게 어른들은 여러 사람들의 생각을 읽을 수 있는 나이이고 주변을 많이 인식하는 태도 때문에 상대적으로 아이들보다 말을 대차게 하는 자세가 부족하다.

영어 말하기는 매우 단순하다. 많이 말해보는 사람이 잘하게 되어 있다. 어른이 아이들보다 인지능력과 의지력이 좋기 때문에 하나의 약한 부분을 보완하여 더 적극적으로 말하는 어른이 된다면 어린 나이가 지났다 해도 충분히 영어를 잘할 수 있다.

나는 27살에 처음 영어를 시작했다. 제대로 된 말을 할 수 있는 영어 말이다. 많은 사람들이 생각하는 영어를 배우는 어린 나이는 충분히 지났다. 그리고 해외에 가서 24시간 영어에 노출되어 있었던 것도 아니다. 그런데 나는 3년 만에 유창하게 영어로 이야기를 할 수 있는 사람이 되었다. 어른이 되면 어느 순간 오랫동안 해온 자신만의 틀을 만들게 되고 거기에 익숙해 져서 늘 똑같은 것을 반복하는 성향이 어린이보다 크다. 그래서 자신도 모르게 뇌는 그만의 패턴으로 획일화되기 쉽다.

어른이 되었기 때문에 머리가 안 돌아가는 것이 아니라 자신이 늘 똑같은 생각, 똑같은 행동을 하고 같은 부분의 뇌만 쓰기 때문이다.

그러면 당연히 안 쓰는 뇌의 부분은 필요 없다고 생각하여 기능이 잠들어 있을 수밖에 없다. 그게 뇌가 생각하기에 효과적이고 현명한 방법으로 에너지를 쓴다고 판단하는 것이기 때문이다. 많이 쓰지 않는 부분의 기능을 최소화시키고 많이 쓰는 부분을 최대한 활성화시키는 것이다.

언어의 기능을 관장하는 전두엽과 후두엽을 다시 깨우면 된다. 한동안은 언어공부를 함으로써 그 부분을 활성화시키는 훈련이 필요하다. 자신이 원래 쓰던 뇌의 부분이 아니므로 익숙해질 때까지는 어렵고 느리기 때문에 머리가 안 돌아간다고 생각할 수도 있다.

실제 생물학적으로는 뇌의 경우 40세가 넘으면 하루에 약 10만 개의 세포가 죽는다고 한다. 그 전에 영어를 제대로 공부해서 잘했으면 좋겠지만 40세가 넘어 공부를 한다고 해도 언어공부를 하는데 드는 뇌의 기능은 일부이다. 영어를 익숙하게 잘 배울 만큼의 세포는 충분히 남아 있다는 것이다. 물론 생물학적으로는 40세 이전보다는 조금 더 삐거덕거리며 시작할 수는 있으나 훈련을 통해 곧 윤활유를 바른 듯 충분히 돌아갈 수 있다.

나는 양손을 다 쓰는 양손잡이이다. 나는 내가 영어를 빨리 배운 데에는 양손잡이라는 사실이 조금은 이득을 주지 않았을까 싶기도 하다. 남들보다 평소에 더 많은 뇌의 기능을 활성화시켜 놓은 시작의 이득 말이다.

뇌를 균형 있게 쓰는 것은 매우 좋은 현상이다. 어른이 되면서 변화를 좀 더 꺼려하기는 하지만 나이가 들어 자신이 편하게 살기 위해서라도 뇌의 기능을 다양하게 활성화시키는 노력은 매우 중요하다. 젊게 사는 사람이 빨리 늙지 않듯이 뇌를 젊게 쓰는 사람은 뇌가 빨리 늙지 않는다.

영어를 공부할 때는 누구나 기복이라는 것이 온다. 당신의 나이가 문제가 아니다. 기복은 영어가 당신의 뇌에 익숙해지는 과정일 뿐이다. 영어가 술술 나올 때가 있고, 고구마를 먹은 듯 답답하게 턱턱 막히는 날이 있다. 영어가 안 나올 때는 나의 뇌가 영어를 처리하느라 시간이 좀 걸린다고 생각하고 너무 좌절하거나 큰 의미를 두면 안 된다. 처음에는 불안하고 좌절할 테지만 이 상태에 있더라도 계속하면 된다는 것을 조용히 인지하고 있으면 된다.

그렇게 1년이 지나고 나서는 몇 시간을 떠들어도 뇌가 피곤하기보다는 오히려 기분이 좋아서 영어가 더 잘나온다. 그러고 나면 외국인 친구와 영어로 대화할 때 뇌의 피곤함은 확 줄어들고 점점 즐길 수 있게 된다.

나이에 상관없이 영어는 잘할 수 있다. 나이가 어리면 영어를 배우는 뇌가 활발하고, 나이가 많으면 인생의 경험이 있어 대화거리가 풍부하고 마음의 깊이가 깊어 사람과의 소통 기술이 좋다. 당신의 즐거운 의지만 지속된다면 시간이 조금 더 걸리고 덜 걸리고는 큰 문제가 되지 않을 것이다.

나는 영어를 정복하고
인생이 달라졌다

　나에게는 '영팸'이라는 모임이 있다. 영어 학원 패밀리를 줄인 말인데, 나는 영팸 친구들과 중학교 1학년때부터 지금껏 16년간의 인연을 유지하고 있다. 20살이 되고부터는 1년에 2번 설날과 추석 때 빠지지 않고 만난다. 우리는 약속을 하지 않아도 큰 두 명절에 잠재적으로 만나기로 되어 있는데, 나는 2년간 그 친구들을 만나지 못한 적이 있다. 그때는 바로 영어에 몰입하던 시기였다. 그 이후 만나게 된 영팸 친구들은 나의 성장한 모습에 신기해했고 영어와 관련된 나의 소식들을 듣고 놀라움을 금치 못했다. 그 이유는 내가 지금 영어를 이렇게 잘하게 될 거라고 예상을 못 할 만큼 나는 영어 학원을 다니던 시절 '즐겁게 놀기'만 했기 때문이다. 친구들은 내가 영어를 잘하게 된 것을 놀랄 뿐만 아니라 내가 미국에 간 이야기, 앞으로의 계획과 꿈을 이야기했을 때 눈이 더 휘둥그레졌다. 나는 2년 만에 다시 만난 자리에서 심문을 받듯이 밀린 이야기를 늘어놓았다.

친구들은 그 뒤로도 몇 번을 더 만난 후에 이런 말을 했다. 원래도 밝은 성격을 가진 사람이었지만 지금은 뿜어내는 에너지가 예전과 다른 것 같다고. 더 자신감이 넘치고 미래의 이야기를 할 때는 눈이 빛나고 더 큰 꿈을 꾸며 도전적으로 보인다고 했다. 친구 S는 그 꿈들과 내가 매우 잘 어울린다고 말하며 막연한 나의 이야기에도 진심이 느껴지는 격려를 해주었다.

나의 또 다른 친한 친구 G는 대학교 동아리 친구이다. G는 내가 경찰공무원 시험 공부를 할 때, 호텔과 영어 학원에서 일할 때도 가끔 연락해 나의 안부를 물었다. 그는 나의 힘든 과정을 옆에서 다 지켜보았다. 나의 속마음을 있는 그대로 털어놓을 수 있는 친구이다.

내가 그렇게 속마음을 잘 말할 수 있고, 편하게 내 모습 있는 그대로를 보여줄 수 있었던 것은 G가 묵묵히 들어주기 때문이다. 내가 불평불만을 털어놓아도, 눈물을 쏟아내며 이야기해도 그 애는 늘 담담하다. 나를 판단하지 않고 늘 똑같이 대해준다.

요즘 G는 나의 긍정 발언 폭탄을 받고 있다. 나는 그 친구 앞에서 혼자 이렇게 할 거야, 저렇게 할 거야 하는 미래 선언 같은 허무맹랑한 소리도 마구한다. 그는 내가 한 말에 대해 별로 말을 하진 않지만 예전보다는 내가 달라졌음을 느끼고 자랑스러워하는 것 같다. 그리고 내가 하는 의지 담긴 말들, 긍정적인 말들, 하고자 하는 바들이 허무맹랑한 말로 끝나는 것이 아니라 실제로 하나하나 행동에 옮기는 나를 보며 내가 정말 이루겠구나 하는 것을 느끼는 것 같다. 이제는 내가 책을 쓴다고 하면 "내가 제일 첫 번째로 사인 받을 거야."라고 말하고, 내가 2년 안에 벤츠를 사겠다고 하면 "우와! 나 외제차 타보는 거야?"라는 말로 진짜 내가 꿈꾸는 것들을 이룰 것이라는 믿음을 은연중에 보여준다.

나의 주변 사람들이 느끼는 나의 변화들이 그들에게는 개의치 않은 것일 수도 있다. 그러나 확실한 것은 내가 그런 분위기를 풍기는 사람으로 변했다는 것이다. 그리고 이제부터 하나하나 보여줄 것이다. 내가 세운 목표가 있다면 그것을 이루기 위해 작은 것이라도 바로 행동하는 나, 느리든 빠르든 끊임없는 성장과 도전을 멈추지 않을 나, 남들과 같이 늘 불평만 하는 것에 그치지 않고 잘못된 것에 대한 방법을 찾아가는 나로 말이다.

영어라는 강한 나의 색깔을 찾았고 그 색을 기준으로 스펙트럼처럼 다양한 나의 모습을 확장하여 찾아가는 여정이 즐겁다. 내가 기준점이 되는 색을 찾지 못 했다면 주변으로 퍼져나가는 아름다운 색상들을 만들어낼 수 없었을 것이다. 영어라는 하나의 색으로 시작했지만 다른 영역까지 뻗어나가기 위한 도전은 멈추지 않을 것이고 나의 인생은 다채롭게 펼쳐질 것이다.

벙어리 영어에서
프레젠터 영어로 성장하라

내가 처음 영어를 공부하게 된 계기는 하나의 즐거운 상상으로 시작되었다. 버스에서 외국인 친구와 앉아 자유롭게 이야기하는 내 모습을 상상하는 것이었다. 심지어 자리까지도 아주 자세했다. 시내버스 제일 끝자리와 바로 앞자리에 하나씩 자리를 잡고, 나는 앞자리에서 뒤에 앉은 외국인 친구를 돌아보며 앉아 이야기를 하고 있다. 햇살이 밝은 낮 시간이었다. 이 특정한 상상은 짧은 파노라마 영상처럼 늘 내 머릿속에서 반복되고 있었다. 나는 늘 영어 말하기를 잘하는 진짜 영어 실력을 가지고 싶었다.

나는 26살에 처음으로 영어 학원 아르바이트를 해보았다. 그때 나의 영어 실력은 아주 별로였다. 영어 말하기가 안 되는, 입시 영어만 적당히 아는 26살 대학생이었다.

그때 무슨 생각으로 배짱으로 영어 학원 아르바이트를 하기로 마음먹었는지는 모르겠지만 이력서를 넣고 연락이 온 학원에서 원장선생님과 일에 관해 이야기했을 때는 말 그대로 정신이 나갈 지경이었다. 원장선생님께서 수업을 준비하라고 책을 주셨을 때, 중학교 3학년 책이 그렇게 어려워 보일 수가 없었다. 고등학생 책은 말할 것도 없었다. 2주 뒤부터 수업에 들어가기로 하고 너덜너덜 집에 왔다. 그때 나의 마음은 저 나락으로 떨어지고 있었다.

그날부터 나는 수업 준비를 치밀하게 했다. 다 외워서라도 가르치겠다는 생각으로 공부를 했다. 그러면서도 달력의 첫 수업 날짜를 보면 심장이 두근두근 거렸다. 수업을 준비하는 15일이라는 기간은 내 인생에서 가장 떨리는 시간이었다. 긴장감으로 피를 말리는 하루하루를 보냈다. 어느 날 아버지께서 수업 연습을 하라며 하얀 보드 판을 사주셨다. 나는 누가 앞에 있다고 생각하며 시간을 재고 첫날 수업을 연습했다. 친한 친구 2명을 불러서 수업 시뮬레이션을 하기도 했다. 지금 돌아보니 그 열정이 대단하다.

그렇게 15일을 견딘 나는 첫 수업에 들어갔고, 10명의 중학생 앞에서 수업을 어떻게 했는지 모르겠지만 45분간 수업을 진행했다. 서로 인사도 하고 이론 설명과 문제 풀이도 하면서 첫날의 아이스 브레이킹 타임(어색함을 깨는 시간)을 가졌다. 아이들은 친절했고 내가 그동안 했던 걱정들은 자연스럽게 잘 흘러갔다. 첫 수업 이후에는 시간이 모자라 수업 전날 준비를 하여 수업을 했다. 나중에는 3일, 일주일

수업을 한꺼번에 준비할 수 있게 되었다. 한 달이 지나자 여유가 생기고 모든 것을 큰 어려움 없이 감당할 수 있을 정도로 적응하게 되었다.

그렇게 몇 달이 흐른 후 어느 날 이었다. 중학생 여자아이 1명이 나에게 이렇게 물어보았다.

"선생님, 선생님은 외국인이랑 자유롭게 영어로 이야기하고 다 알아 들을 수 있죠?"

"응. 그럼~. 할 수 있지."

자신 있게 대답을 했지만 나는 여전히 벙어리 영어를 하고 있는 선생님이었다. 독해도 어느 정도하고, 문법 설명이나 문제 풀이도 공부하면 잘 설명해줄 만큼 아이들의 학교 영어에는 도움을 줄 수 있었다. 그러나 외국인과 대화를 하면 쉬운 문장도 바로 나오지 않고 그들의 말을 제대로 들을 수도 없는 그런 벙어리 영어 선생님이었다. 그래서 27살이라는 나이가 다가오는 시기에 진짜 영어를 하기로 결심했다.

27살부터 제대로 된 실전 영어공부를 시작한 나는 2군데의 학원에서 더 일을 해보며 영어를 절실하면서도 즐겁게 공부했다. 그로부터 2년 뒤 100퍼센트 영어로 수업을 진행할 수 있는 진짜 프레젠터 영어 선생님으로 성장했다. 당연히 수업에서 보여줄 수 있는 진짜 영어 실력을 가진 선생님일뿐만 아니라 외국인 친구들과 어울리며 자유롭게 대화가 가능한 사람이 되었다.

나의 부모님도 내가 집에서 외국인 친구들과 유쾌하게 통화를 하는 모습을 보면서 처음에는 놀라고 신기해하셨고, 나중에는 대단하다며 자랑스러워하셨다. 나도 내가 잘할 수 있는 무언가를 부모님께 보여드릴 수 있고 그들에게 자랑스러운 딸이 될 수 있어서 어느 날은 문득 혼자서 감격의 눈물을 흘리기도 했다.

언니는 나를 보며 "너의 영어 잘하는 뇌의 기능을 정확하게 복사해서 내 머릿속에 그대로 옮겨 담았으면 좋겠다."라고 했다. 내가 영어 공부를 하는 동안 군대를 다녀온 남동생도 오랜만에 만나 작은 누나가 영어를 잘하는 사람이었냐며 갸우뚱했다. 그는 요리자격증 7개를 소지한 요리 쪽의 전문가이고 자신만의 특화된 개성을 충분히 가진 멋진 남동생이다. 그런 남동생도 "내가 가진 모든 재능을 주어서 영어를 잘할 수 있다면 바꾸겠다."라고 말했다.

이렇듯 나의 가족들이 2년 만에 크게 변한 나의 모습을 보며 깜짝 놀라고 대견해하면서도 함께 기뻐해주었다. 나는 내가 사랑하는 가족들의 인정과 자랑스러운 가족의 일원으로 함께 할 수 있어서 행복하다. 영어는 그동안 열심히 살았지만 딱히 자랑스럽게 말할 거리가 없는 벙어리 같았던 나의 삶 또한 당당하게 표현할 수 있게 해주었다.

작았던 내가 한 단계씩 성장했던 과정을 돌아보며 새로운 발전을 꿈꾼다. 1년 뒤 나는 또 얼마만큼 성장해 있을지 모른다. 끊임없는 상상은 그 일을 현실로 만든다. 벙어리 영어에서 남들에게 당당하게 나설 수 있는 멋진 영어 프레젠터로서 발돋움을 시작했다. 나는 또 하나의 즐거운 상상을 하기 시작했다.

'나는 미국에서 여러 외국인 친구들과 파티를 열고 있다. 그 장소에 있는 많은 사람들이 나의 축하 연설을 듣기 위해 박수를 치고, 나는 빨간 레드카펫이 깔려 있는 무대 위에서 조명을 받으며 앞에 선다. 여유롭게 웃으며 간단한 연설을 하고 농담을 던진다. 많은 사람들의 박수와 환호 속에서 나는 행복한 미소를 짓고 있다.'

에필로그

당신의 인생을 바꿀 하나의 행동을 바로 시작하라!

나는 원래 당당하고 밝으며 에너지가 넘치는 사람이 아니었다. 하지만 영어를 공부한 3년이라는 시간을 통해 자신감이 있고, 흔들림 없이 단단한 사람이 되었다. 정말 불가능할 것 같은 일들을 가능하게 만들어내며 잠재력을 깨우는 사람이 되었다. 나 자신의 성장을 넘어 다른 사람을 돕고 이끌어주는 사람이 되었다.

처음 영어공부를 시작할 때, 버스 안에서 외국인과 유창하게 영어로 말하는 내 모습을 상상했다. 그 상상을 매일 꾸준히 하며 강렬한 자기 암시를 했다. 당시에 상상했던 모습이 이토록 완벽하게 이루어질

줄 몰랐다. 그저 그 꿈을 생각하면 기분이 좋아지고 가슴이 뛰었기에 그 꿈을 쫓아 하나씩 행동했을 뿐이다. 시간이 흐르자 상상했던 모습이 당연한 현실이 되어 있었다.

나는 유학을 가본 적도 없고, 교환학생으로 해외에 나간 경험도 없다. 워킹홀리데이나 그 흔한 배낭여행조차 가본 적이 없다. 하지만 위기를 계기로 인생의 돌파구를 영어에서 찾자는 결심을 하게 되었고, 치열하게 공부했다. 외국에 나가지 않고도 충분히 영어를 잘할 수 있다는 생각으로 지금의 조건에서 남다른 전략으로 노력했다. 그 결과 3년 만에 원어민처럼 유창한 영어를 하게 되었다. 많은 사람들이 외국인과 막힘없이 말하는 나를 보고 놀란다. 토익과 토플 점수가 높다고 해서 영어를 잘하는 것은 아니다. 많은 사람들이 원하는 것은 실용적인 영어, 즉 외국인과 원활하게 소통할 수 있는 회화 위주의 영어이다.

예전에는 늘 부러웠다. 부모님의 지원 하에 유학을 갔다 오고, 어릴 때 해외 경험이 있어 영어를 쉽게 시작할 수 있었던 사람들을 보면 잘 차려진 밥상에 숟가락을 얹는 정도의 노력 같아 보였다. 나는 더 많은 걸 스스로 찾아야 했고, 시도해야 했고, 애써야 했다. 하지만 지금 돌이켜보면 삶의 위기는 변형된 축복이었다. 좋은 조건과 환경을 갖추지 못했던 것이 오히려 감사하다. 그 과정에서 더 크게 성장할 수 있었고, 시행착오를 통해 깨달음을 얻을 수 있었다. 이제는 나만의 방법으로 목표를 달성한 내가 더욱 자랑스러우며, 사람들에게 진심으로 말해줄 수 있는 나만의 스토리가 있어 더욱 행복하다.

이 책을 통해 변화를 결심하고 나처럼 자신의 미래를 개척해나갈 독자들을 생각하면 가슴이 두근거린다. 나의 첫 번째 인생의 전환점이 영어공부를 시작하게 된 그 순간이라면, 이 책의 출간이 나의 두 번째 인생의 전환점이 될 것이라 믿는다. 지금 이 순간이 끝이 아니라 더 큰 시작임을 나는 안다. 얼마나 다이내믹한 인생이 될 것인지 정말 기대된다.

나는 다가올 기회를 잡기 위해 늘 준비한다. 예전에는 남이 이끄는 삶을 살고 거기에 나를 끼워 맞추려 노력했지만, 지금은 내가 주도적으로 내 인생을 이끌며 선한 영향력을 펼치고 있다. 그 모든 시작은 영어였다. 남들이 다 하는 영어를 한다고 과연 큰 변화가 생길까 할 수도 있겠지만 자신을 믿고 지속하면 반드시 기회가 온다.

그동안 영어가 당신을 많이 힘들게 했더라도 이 책을 계기로 다시 한 번 결심해보자. 지금 당장 작은 행동을 시작해보자. 지긋지긋한 영어가 친구가 되고 내 편이 되는 순간 모든 것이 달라질 것이다. 결국 영어로 이기게 될 당신의 인생을 응원한다.